Bonjour, je m'appelle Paco !

Un jour que j'étais trop fatigué d'avoir trop mangé et trop marché, je me suis arrêté dans un endroit magique que l'on appelle "bibliothèque".

Dans mon cocon, tous les jours j'entendais des histoires incroyables et je ressentais le bonheur des enfants qui apprenaient.

Après un long moment, j'ai fini ma transformation et je suis devenu un papillon. Mais pas n'importe lequel papillon, un papillon savant !

Et aujourd'hui, j'ai décidé de d'amener faire un beau voyage sur le continent asiatique.

Tu vas pouvoir découvrir de nombreux animaux sauvages, des coutumes, des paysages, et même apprendre à cuisiner des recettes.

Je vais te prouver que l'on peut apprendre des tas de choses en s'amusant.

1

ISBN 9798771147956

Ce cahier appartient à :

Nom : ....

Prénom : ....

âge : ....

Table des matières

Bonjour, aujourd'hui je t'emmène en voyage, à la découverte de l'Océanie !

Mais sais-tu où se trouve l'Océanie ?

Regardons sur le globe terrestre.

Tu vois la croix ?

Voici où se trouve l'Océanie.

Voyons maintenant sur un planisphère.
Cela représente notre terre à plat et nous
montre l'ensemble des continents.

**Colorie le continent de
l'Océanie en marron.**

9

Voici une vue avec les îles.

As-tu remarqué que deux océans entourent l'Océanie ?

l'océan Indien à gauche, on dit qu'il est à l'ouest.

l'océan Pacifique qui fait pratiquement le tour de tout le continent.

Découpe les étiquettes, et colle-les sur la page 10 selon les indications que je viens de te donner.

océan Indien

océan Pacifique

océan Pacifique

océan Pacifique

L'Océanie compte 16 pays.

Les plus connus sont l'Australie, la Nouvelle-Zélande, et les îles Fidji.

Plus de 20000 îles composent le continent Océanie.

L'une d'elles est même la plus grande île du monde ! C'est L'Australie.

Ce continent compte plus d'animaux que d'habitants.

Il présente aussi le plus grand nombre d'espèces animales et végétales endémiques. C'est-à-dire, qu'elles n'existent nulle part ailleurs, comme le kangourou et le koala.

Il est divisé en 4 régions :
- La Micronésie,
- La Mélanésie,
- La Polynésie,
- L'Australasie.

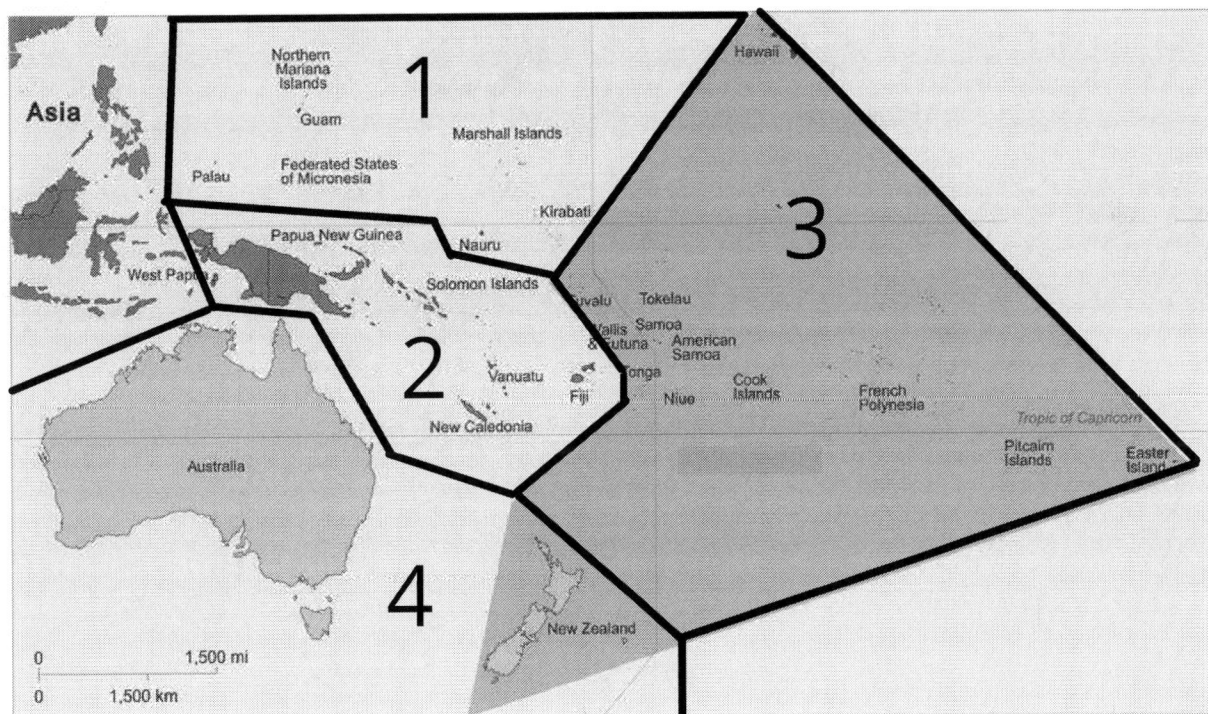

Regardons plus en détail ces différentes regions.

Voilà la Micronésie.

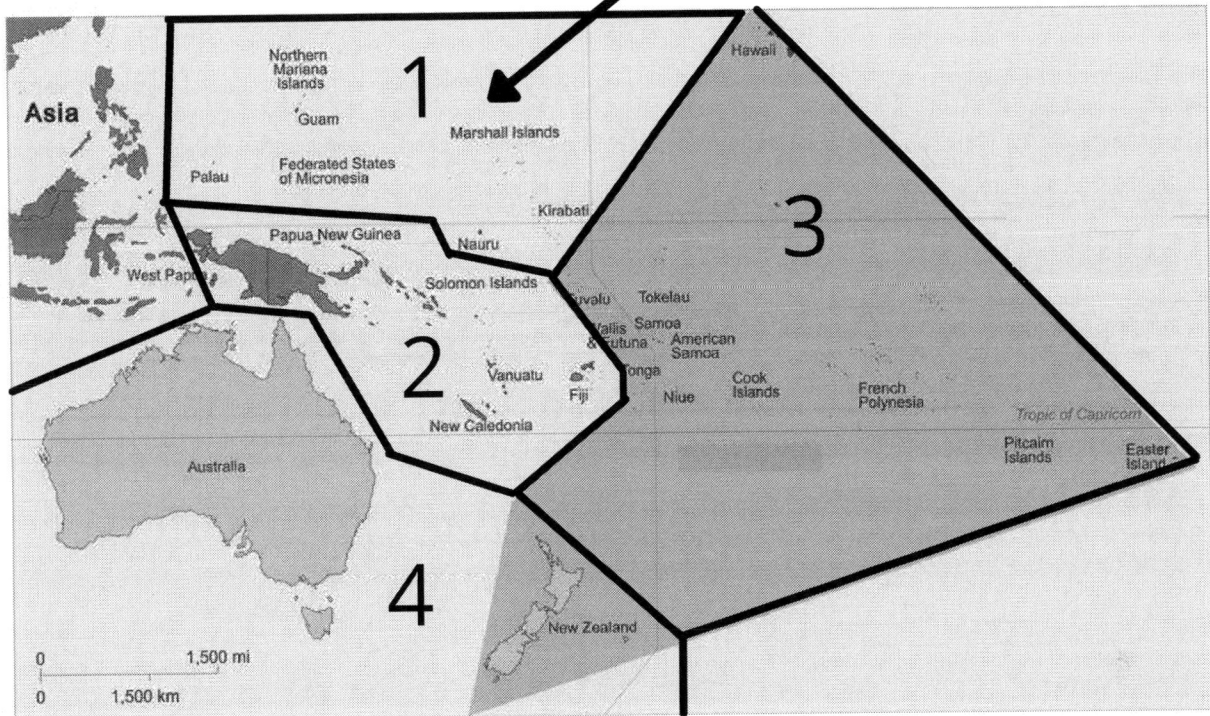

Elle est composée par plus de 600 îles.
Les habitants vivent essentiellement de
la pêche aux thons.

Voici la Mélanésie.

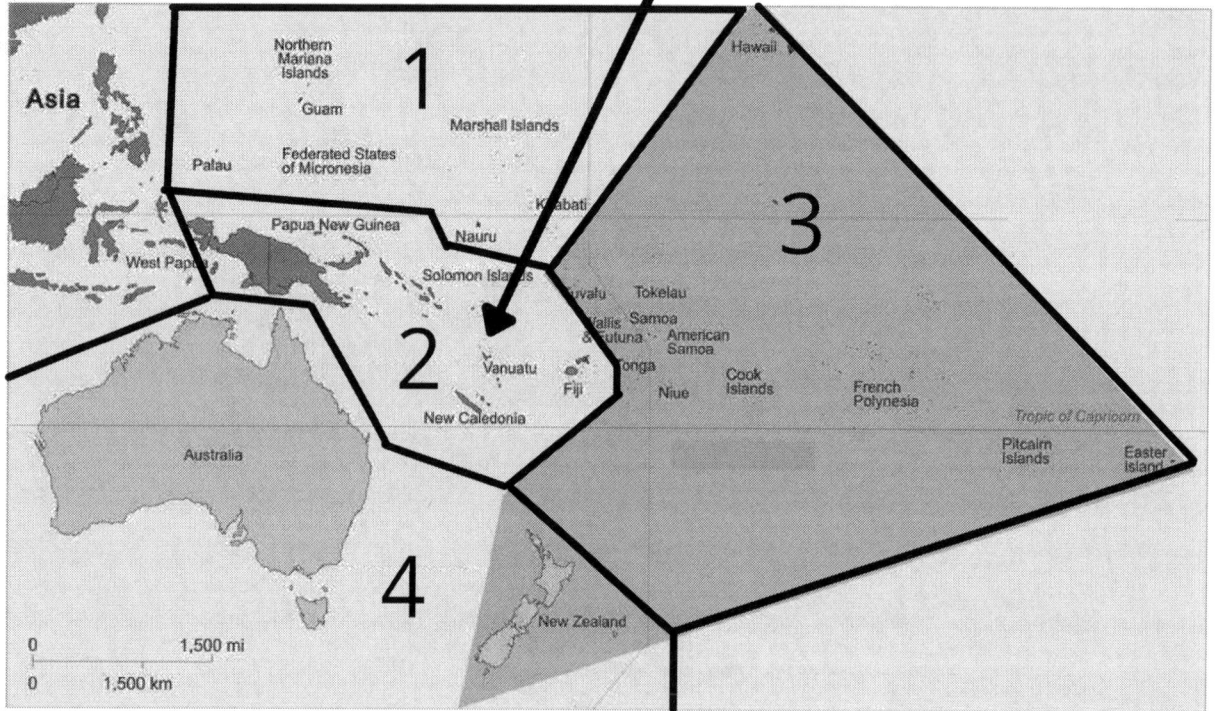

La Nouvelle-Calédonie et les îles Fidji
en font parties.

Voilà la Polynésie.

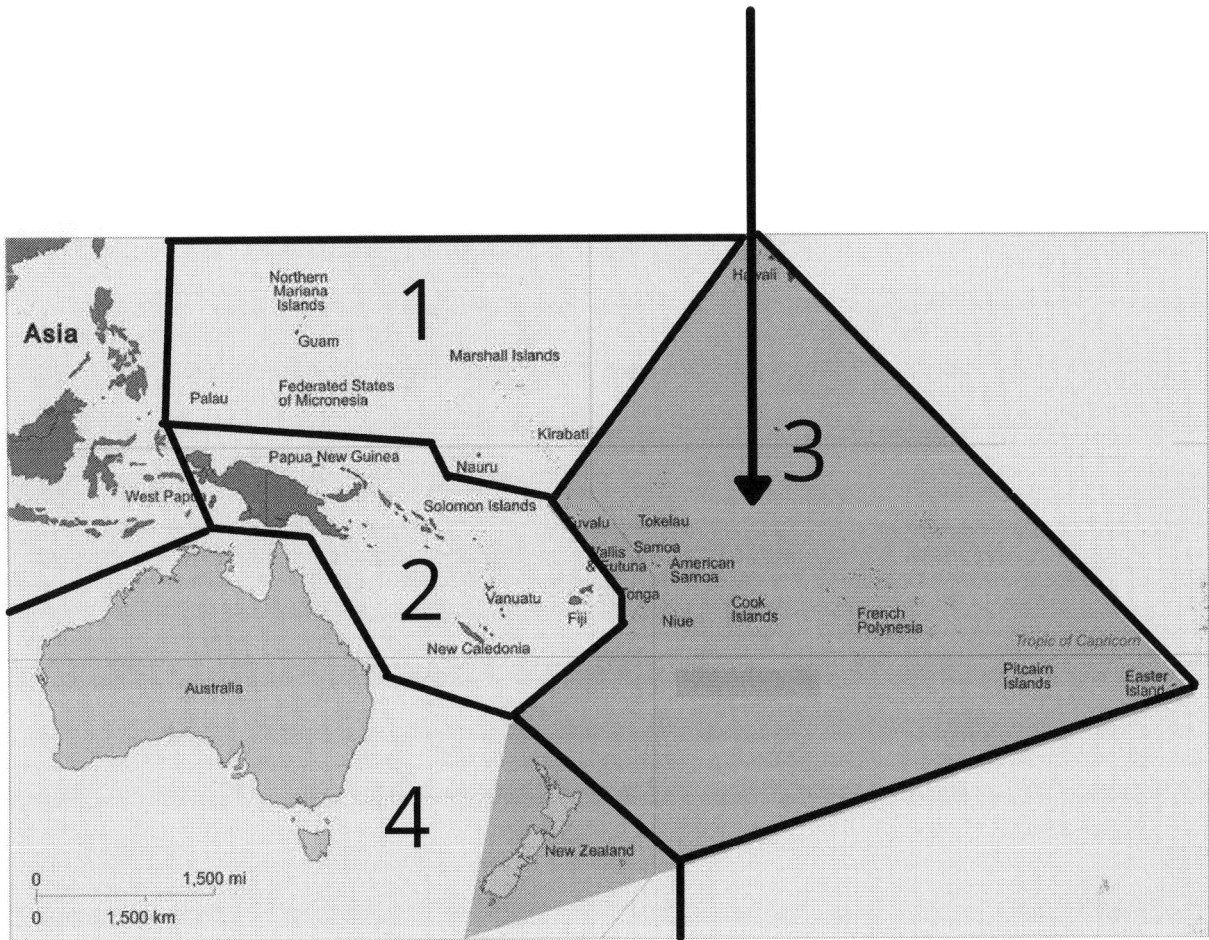

La Polynésie Française et l'île de Pâques en font parties.

Sais-tu pourquoi l'île de Pâques est connue ?

Sur cette île, sont dressées des statues géantes, appellées **Moaï.**

On ne sait pas par qui, et comment elles ont été sculptées.

Cela reste encore un mystère de nos jours, même si quelques scientifiques ont émis des hypothèses.

Les Moaï servaient certainement à célébrer des Dieux, pour favoriser la fertilité des sols et ainsi garantir une bonne production de nourriture.

Voici l'Australasie.

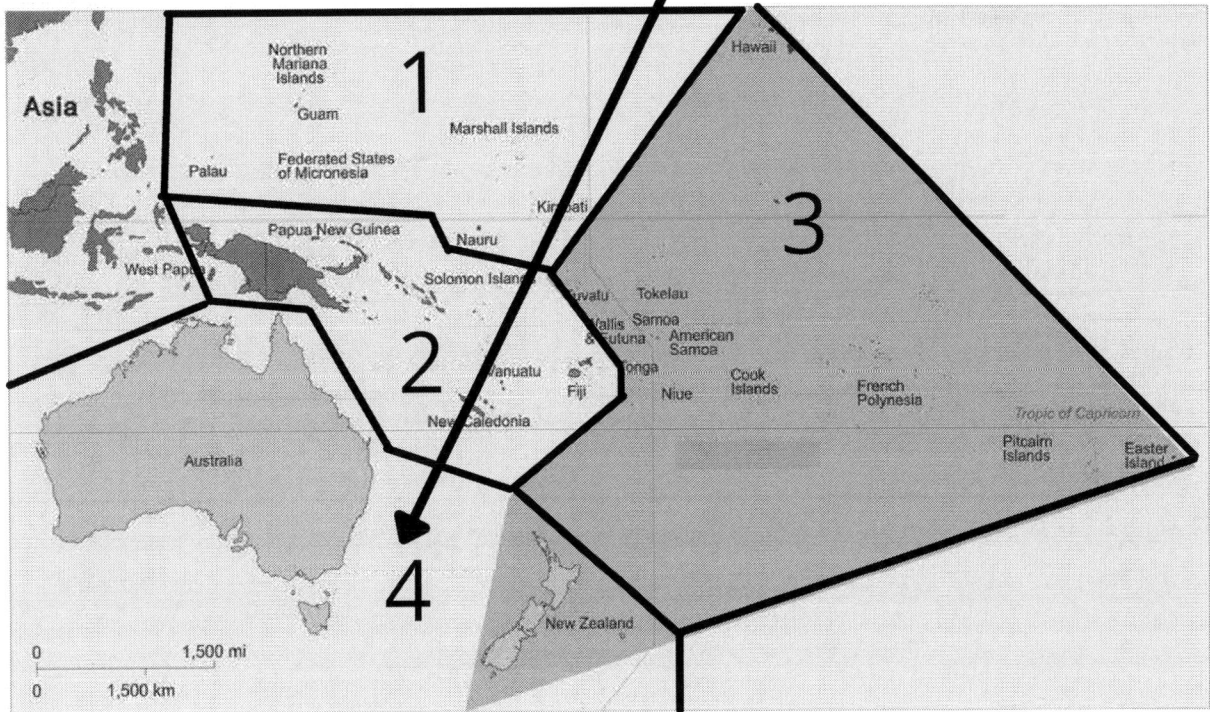

L'Australie et la Nouvelle-Zélande en font parties.

L'Australie représente à elle seule 85% de la superficie de l'Océanie.

Voici un petit quizz
pour vérifier
ce que tu as retenu.

1) L'océanie est entourée par :

☐ l'océan Atlantique

☐ l'océan Indien

☐ l'océan Pacifique

2) Combien compte-t-elle de pays ?

☐ 46

☐ 16

☐ 116

4) Plus de 20000 îles la composent.

☐ vrai

☐ faux

5) L'Océanie est divisée en 6 régions.

☐ vrai

☐ faux

6) Les Moaï se trouvent sur :

☐ l'île de Pâques

☐ les îles Fidji

☐ La Nouvelle-Zélande

Maintenant que nous en savons plus, rapprochons nous encore pour ...

.... découvrir l'Australie.

C'est le pays de tous les records.

L'Australie est aussi grande que l'Europe.

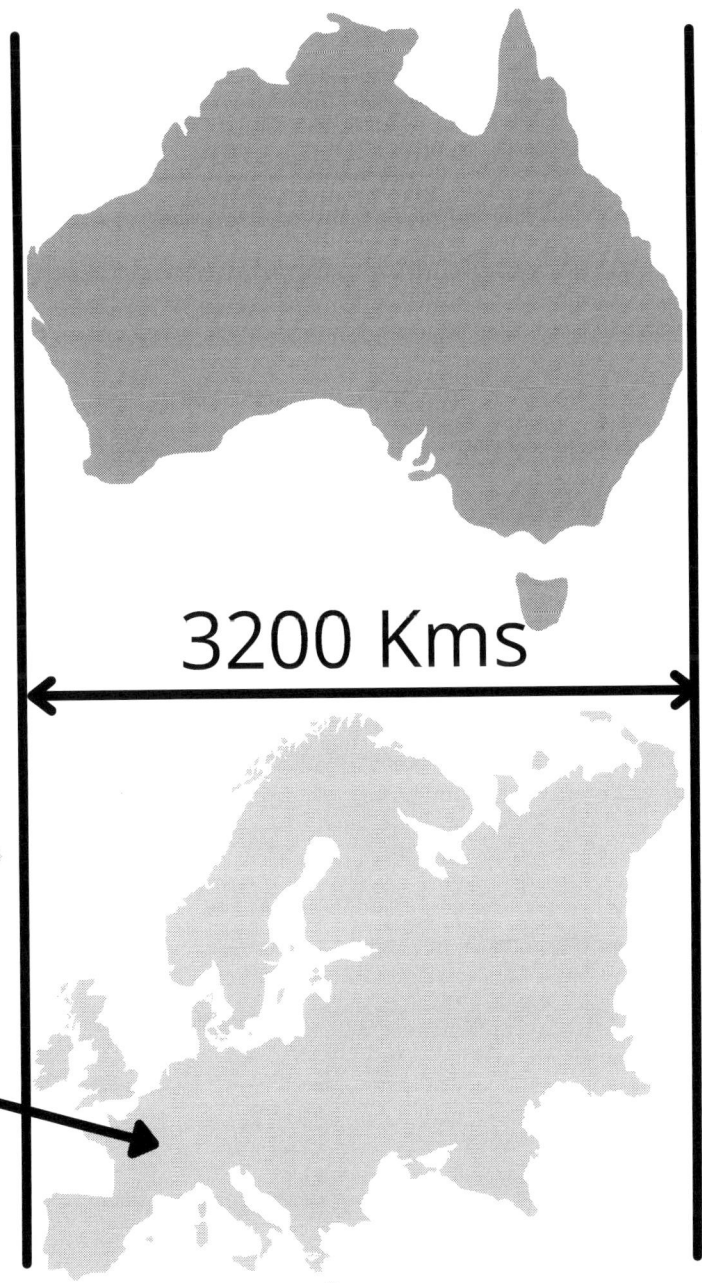

3200 Kms

Elle est 14 fois plus grande que la France.

18% des paysages est désertique.

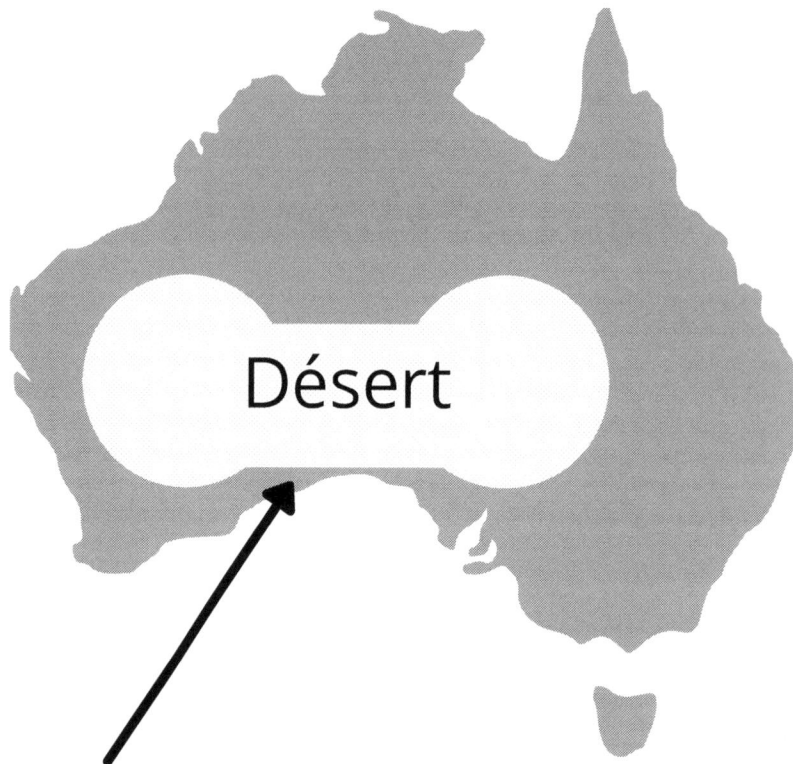

Désert

La Plaine du Nullarbor qui doit son nom à l'absence d'arbres, compte 2 records :

-La plus grande route en ligne droite du monde, avec 146 Kms.

-La plus longue voie ferrée rectiligne au monde, soit 478 kilomètres.

L'australie compte plus d'animaux que d'habitants.

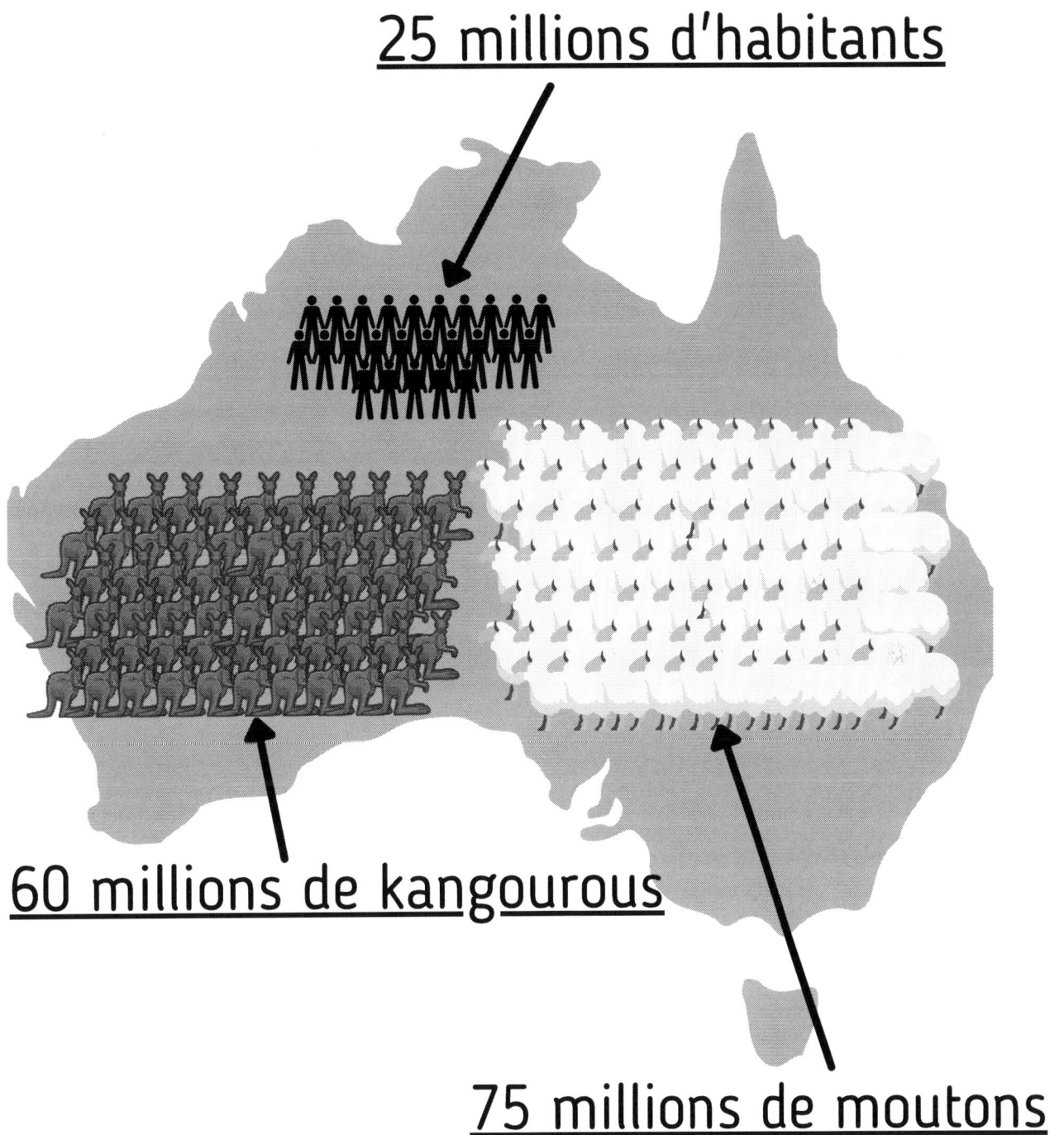

25 millions d'habitants

60 millions de kangourous

75 millions de moutons

85% de la population vivent à moins de 50Kms des côtes, près des plages.

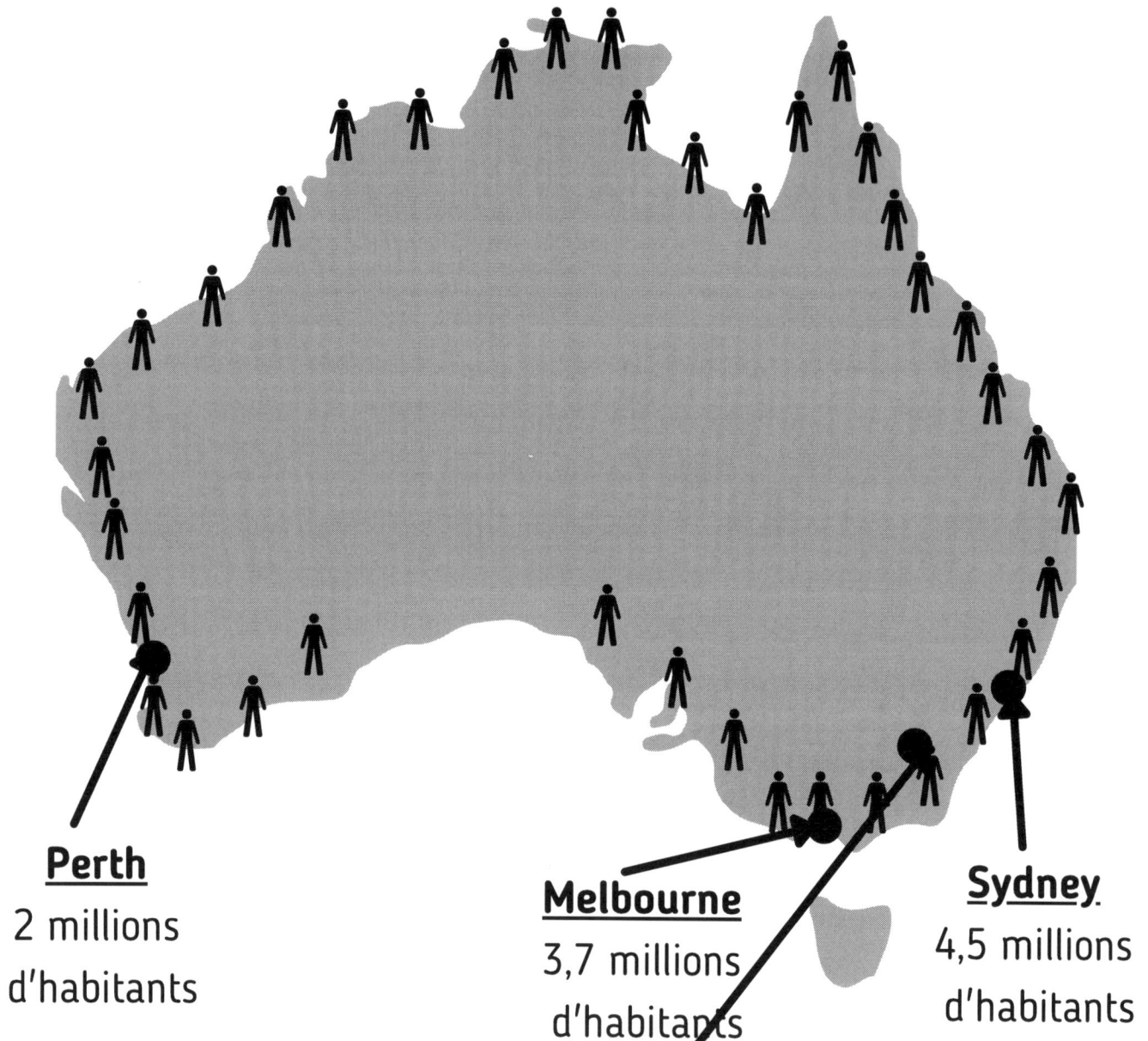

Perth
2 millions
d'habitants

Melbourne
3,7 millions
d'habitants

Sydney
4,5 millions
d'habitants

Seulement 300.000 habitants dans la Capitale, **Canberra**, car elle est plus dans les terres.

Continuons nos découvertes.

Les **aborigènes** sont les premiers habitants de l'Australie.

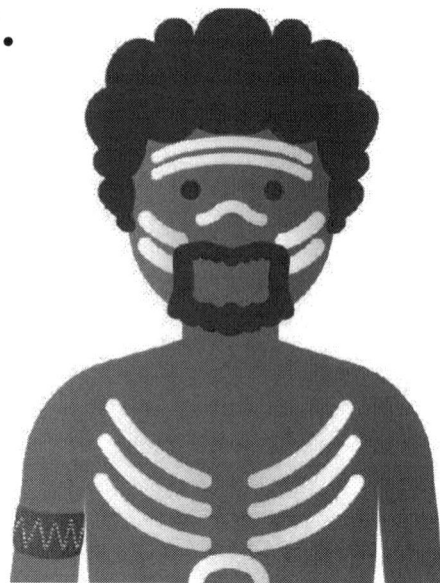

Le mystère de leur arrivée, il y a plus de 40000 ans, reste entier.
Pour survivre, ils pratiquent la chasse, la pêche et la cueillette, aidés par des outils faits de pierre, et de bois, comme le célèbre boomerang.

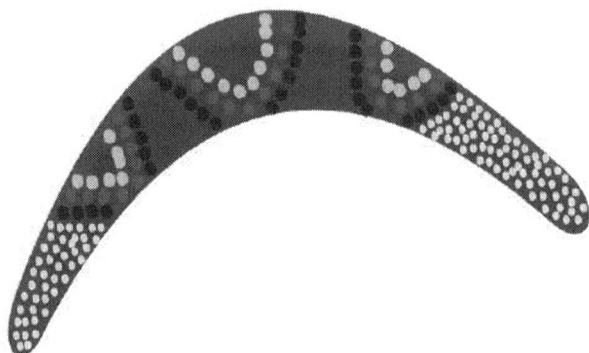

La tradition aborigène s'appuie sur une spiritualité liée à la terre, au paysage, à la faune et à la flore. Elle est en rapport avec la création du monde. On l'appelle **le temps du rêve.**

Selon leurs croyances, chaque rochers, chaque collines, chaque lacs portent l'empreinte laissée par leurs ancêtres.

Uluru, est probablement l'un des rochers sacrés les plus connus au monde.

Parmi les traits marquants de la culture aborigène, la peinture a une place importante

Au départ, la peinture aborigène se faisait sur la roche (peintures rupestres), mais aussi sur le sable et les écorces d'arbres.

Ne possédant pas encore l'écriture, elle était un moyen de transmettre et de perpétuer les traditions.

La peinture aborigène représente soit des personnages du Temps du Rêve, soit des sortes de cartes stylisées de la Terre vue du ciel. Elle recèle bien des secrets !

La technique utilisée s'appelle
le pointillisme.

Elle consiste à effectuer une série de points particulièrement serrés qui se suivent mais ne se mélangent pas.

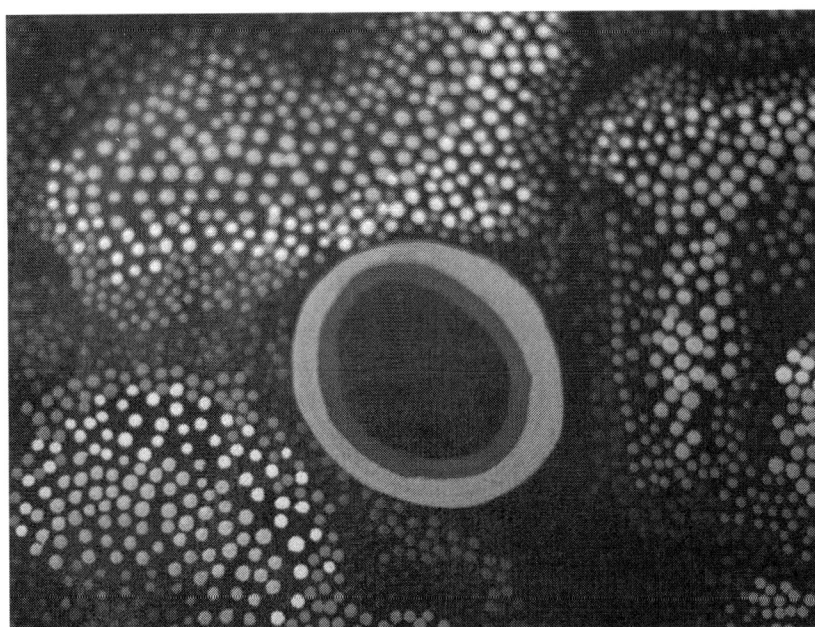

Certains aborigènes auraient choisi d'utiliser cette technique pour flouter les motifs initiaux afin de conserver le caractère secret et sacré de leur œuvre.

Chez les aborigènes, les chants et la danse ont également une place importante.

Leur instrument de musique populaire est **le didgeridoo.**

C'est un instrument à vent en bois, qui a été créé à l'âge de pierre, il y a 20.000 ans.

Et si tu essayais de peindre à la manière des aborigènes ?

Je vais t'aider à réaliser une magnifique peinture.

Suis bien mes indications et mets-les en pratique sur la page 41.

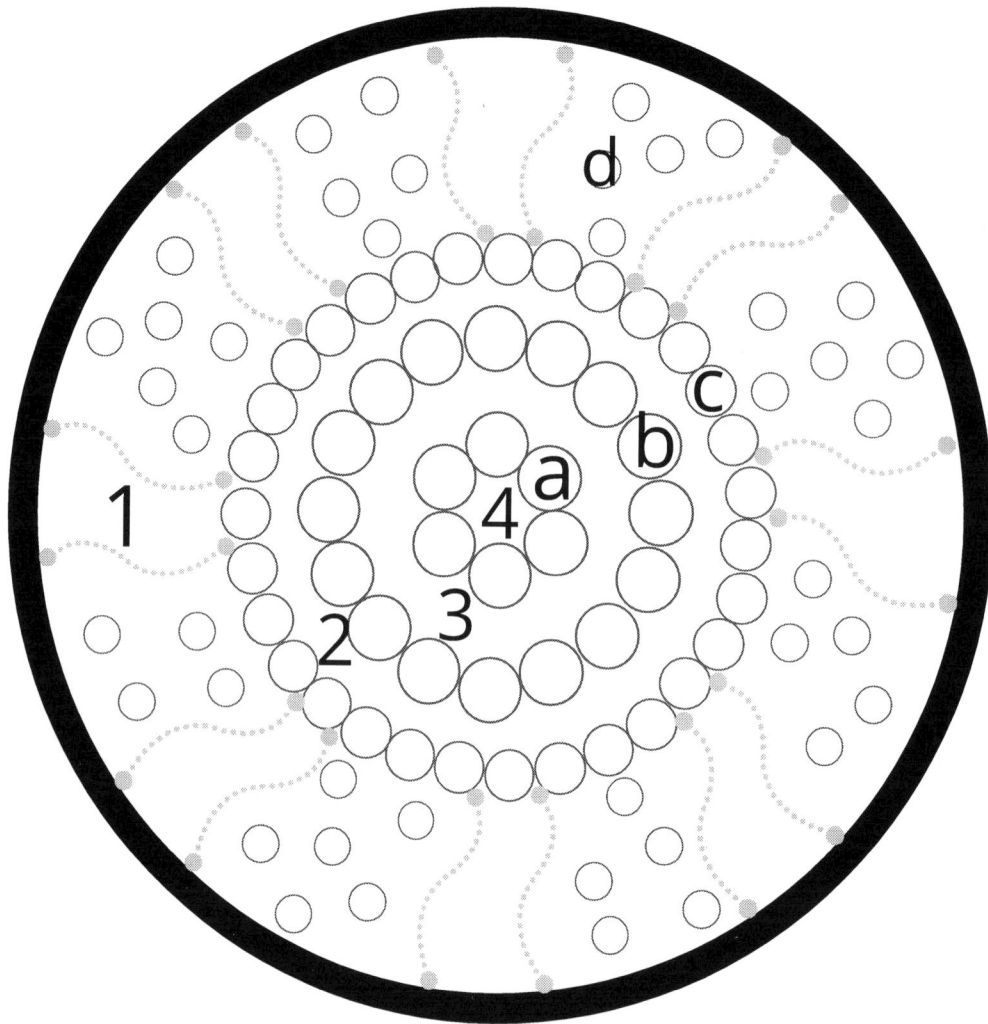

1– Colorie d'abord en jaune le fond des parties 1 et 4.

2 – Puis, colorie en noir, le fond de la partie 2.

3 – Et enfin, colorie en rouge, le fond de la partie 3.

Pour la suite, tu auras besoin de plusieurs cotons-tiges.

4 – Avec un coton-tige, peins des points gris dans les cercles a.

5 – Peins maintenant des points jaunes dans les cercles b.

6 – Enfin, peins des points rouges dans les cercles c.

7 – Pour les cercles d, utilise les couleurs blanches, noires et rouges et peins selon ton envie.

8 – Pour terminer, peins des points gris sur les petites lignes courbées.

Et voilà, une magnifique peinture à la manière aborigène !

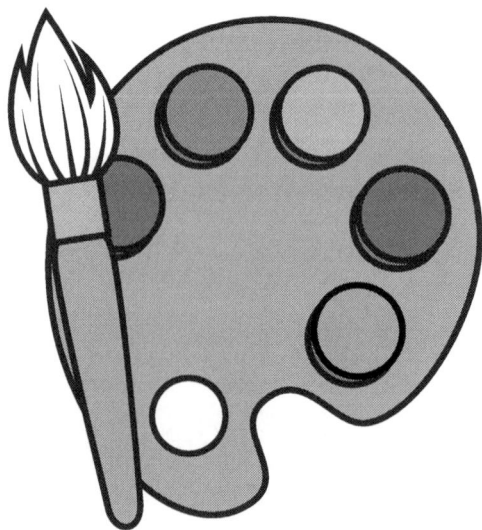

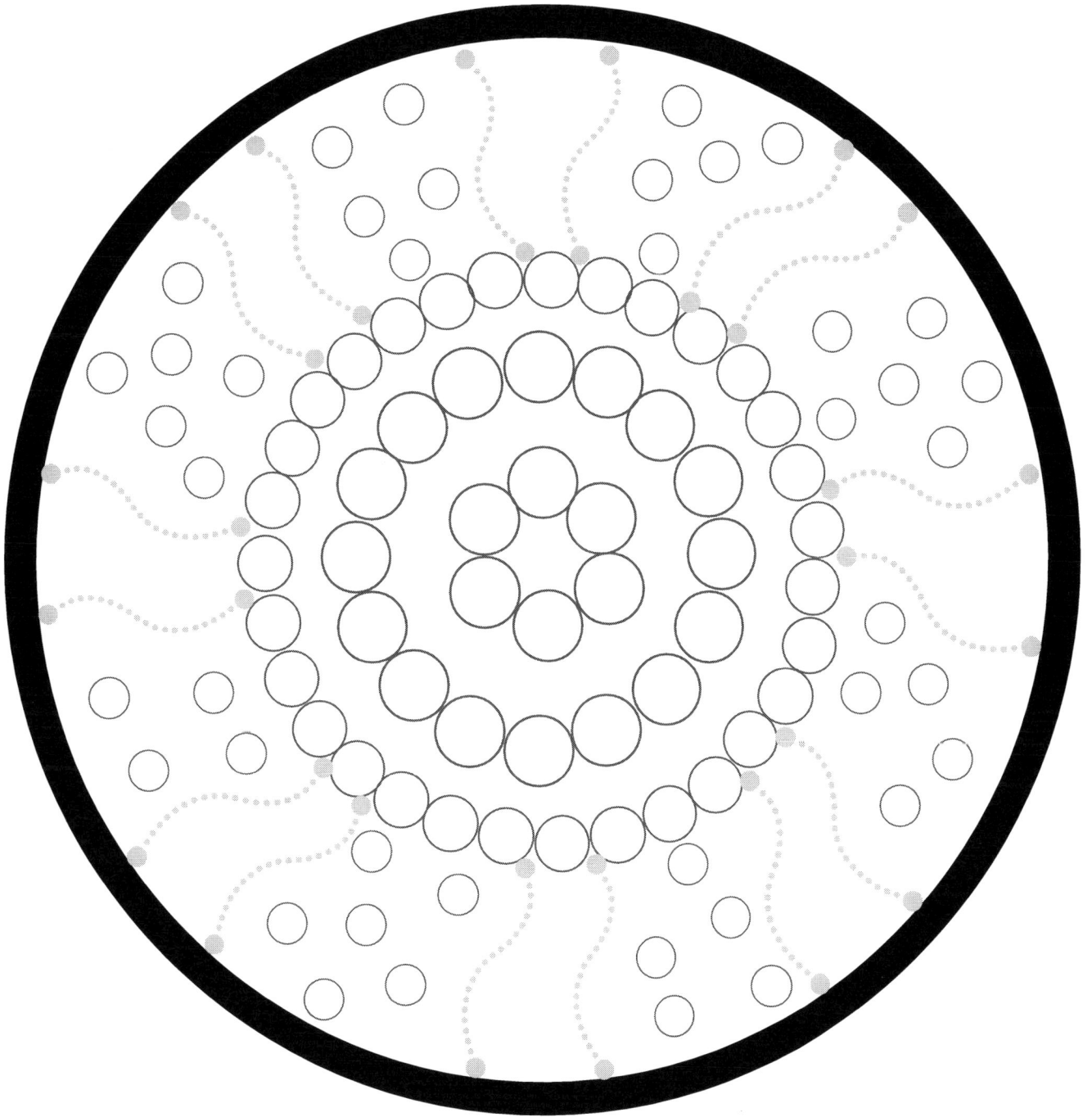

41

Continuons de nous intéresser
aux aborigènes.

Jusqu'au 17ème siècle, les aborigènes furent les seuls habitants de l'Australie. Plusieurs explorateurs visitèrent le pays, sans jamais y rester.

Il faudra attendre 1770 et la venue du célèbre capitaine James Cook, qui prendra possession du continent au nom du Royaume Uni.

Malgré la présence de plus de 500000 aborigènes, l'Australie est déclarée comme étant une terre vide, sans propriétaires, et libre à prendre.

Avec l'arrivée des occidentaux, la population aborigène chute brutalement : ils ne sont plus que 100.000 en 1900 dû aux maladies apportées, telle que la variole.

Cette colonisation fut une catastrophe pour les aborigènes, qui ne tardèrent pas à se rebéler pour protéger leur terre, en attaquant un grand nombre de fermes.

Cela eut pour effet de les déporter dans des réserves pour controler le moindre de leurs mouvements.

De nombreux enfants ont été arrachés de force à leur famille, et placés dans des orphelinats ou des missions chrétiennes, pour être éduqués « à l'européenne ».
C'est-à-dire qu'ils devaient vivre comme tout Australien blanc.

Il faudra attendre 1976, pour que certaines tribus aborigènes retrouvent leur droit à la terre dans le Territoire du Nord.

Puis, en 2008, le premier ministre du gouvernement australien, Kevin Rudd, prononcera un discours attendu de regret et de pardon aux peuples aborigènes.

De nos jours, les aborigènes représentent seulement 3% de la population australienne.

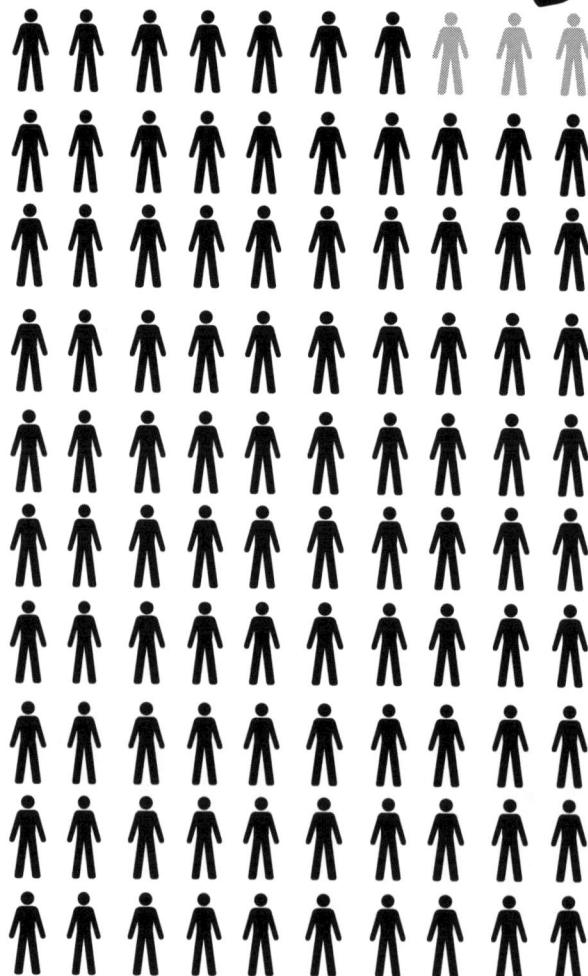

Que dirais-tu de chercher les mots cachés dans cette grille ?

ABORIGENE – AUSTRALIE – BOOMERANG – DIDGERIDOO – OCEANIE – ULURU

B	O	O	M	E	R	A	N	G	L	L
U	C	Q	U	Q	S	U	I	Y	Q
K	E	E	R	L	L	S	R	W	R
O	A	B	L	J	U	T	F	V	F
U	N	U	Y	O	I	R	I	F	N
Z	I	P	V	B	L	A	U	F	W
A	E	I	S	V	D	L	G	P	U
D	I	D	G	E	R	I	D	O	O
A	B	O	R	I	G	E	N	E	W
K	J	Y	A	A	Z	J	F	B	F

Voici un petit quizz pour vérifier ce que tu as retenu.

1) <u>Les premiers habitants de l'Australie</u> <u>sont</u> :

☐ les arborigènes

☐ les endogènes

☐ les aborigènes

2) <u>La tradition aborigène s'appelle</u> <u>"le temps du rêve"</u>

☐ vrai

☐ faux

3) Quelle est leur technique de peinture ?

- [ ] le naturalisme
- [ ] le pointillisme
- [ ] l'impressionnisme

4) L'instrument de musique des aborigènes est :

- [ ] le boomerang
- [ ] le didgeridoo

5) Les aborigènes représentent 3% de la population australienne.

- [ ] vrai
- [ ] faux

Découvrons maintenant
la Faune australienne.

L'animal que nous allons découvrir a de très grandes pattes qui lui permettent de faire de grands bonds.

C'est ???

.....Le kangourou

Sais-tu que son nom est issu d'une erreur ?

En effet, lorsqu'un colon britannique demanda à un aborigène le nom de cet animal, il lui répondit "kangaroo". Ce qui signifie en langue aborigène "je ne comprends pas".

C'est donc suite à une incompréhension, que l'on appelle ainsi, cet animal dans le monde entier !

52

Le kangourou est le plus gros **marsupial** au monde.

Un marsupial a la caractéristique de transporter ses bébés dans une poche ventrale, nommée **marsupium**.

C'est un mammifère herbivore.
Il se nourrit d'herbes, de plantes et d'écorces.

Sa taille peut dépasser celle d'un homme et son poids peut aller jusqu'à 85 kg.

Grâce à sa queue imposante et la forme particulière de ses pattes, ces bonds peuvent atteindre 13 mètres de long et 3 mètres de hauteur.

Sa vitesse peut atteindre 60Kms/heure !

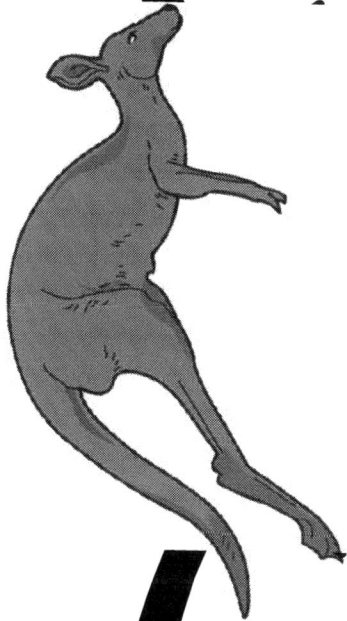

22 chiens = 13 mètres

À la naissance, le bébé kangourou est si petit qu'il fait la taille d'un bonbon, soit environ 2cm.

Il ne pèse pas plus d'un gramme.
Il est aveugle et n'a pas de poils.

Tout de suite après sa naissance, il va ramper jusqu'à la poche de sa mère et s'accrocher à un de ses 4 mamelons.

Il restera dans la poche jusqu'à ses 8 mois.

Il vit dans les régions sèches et il a
besoin de très peu d'eau pour survivre.
Il peut rester des mois sans boire.
Quand il en a besoin, il creuse des
 puits d'environ 1 mètre de profondeur
pour trouver un peu d'eau.
Ces trous sont aussi une source d'eau
pour d'autres animaux.

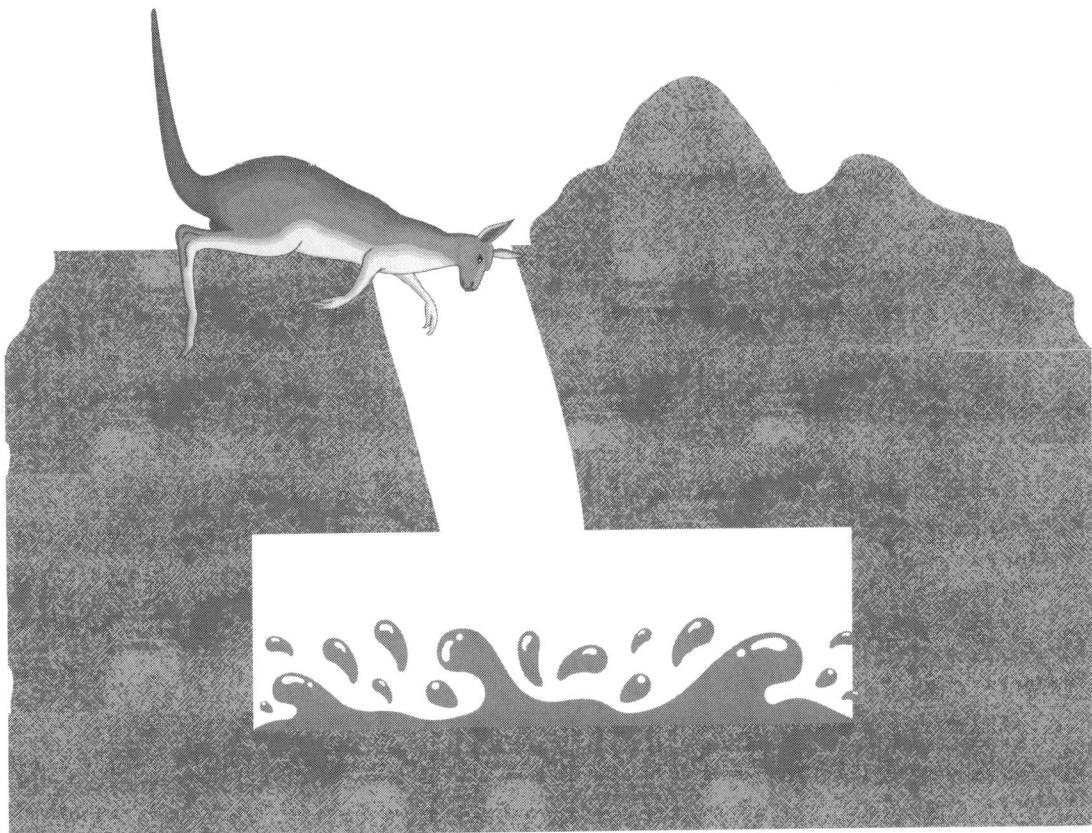

Découvrons un nouvel animal.

L'animal que nous allons découvrir a
une drôle d'apparence avec son bec
de canard, ses pattes palmées et sa
queue de castor.

C'est ???

.....L'ornithorynque

S'il y a bien un animal surprenant qui déclenche la curiosité, c'est l'ornithorynque.

En effet, en plus de son physique incroyable, il révéle bien des surprises !

Chose incroyable : c'est un mammifère qui pond des oeufs.
On dit qu'il est **monotrème**.

C'est un animal semi-aquatique, car il passe une partie de la journée dans l'eau, et l'autre partie sur terre.

L'ornithorynque est un animal carnivore très gourmand. Il passe en moyenne 12 heures par jour dans l'eau pour chercher sa nourriture.

Il se nourrit de vers, de larves, de crevettes d'eau douce et d'écrevisses.

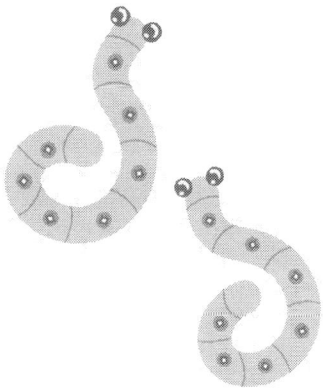

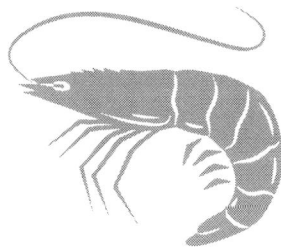

Il les stocke dans ses bajoues et les mange ensuite sur la terre ferme.

Sa taille est de 50cm et son poids de 2kg en moyenne.

On pourrait croire qu'il a des difficultés à se défendre, mais les apparences sont trompeuses !

Le mâle possède un aiguillon rétractable de 1cm au niveau des chevilles sur les pattes arrières, rempli de venin.

Sa piqûre est extrêmement douloureuse, mais pas mortelle.

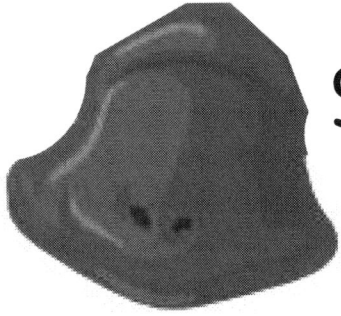

Son bec agit comme un radar.
Il utilise **l'électroperception**
qui lui permet de détecter ses proies et
d'éventuels dangers.

Sa queue lui sert à se diriger
quand il nage, mais pas
seulement.

Elle lui permet aussi de constituer des
réserves de graisse et de réchauffer les
oeufs.

À la naissance, le bébé ornithorynque mesure environ 2,5cm.

Il est aveugle et n'a pas de poils.

Dès sa sortie de l'œuf, il s'accroche à sa mère qui les protège en s'enroulant autour d'eux.

La maman ornithorynque ne quitte son nid que pendant de courtes périodes pour aller se nourrir. Elle commence à passer plus de temps dehors avec ses bébés, au bout de cinq semaines.

Les jeunes sortent du nid pour la première fois au bout de quatre mois.

Découvrons un dernier animal.

L'animal que nous allons découvrir à de grandes oreilles poilues et ressemble beaucoup à un nounours.

C'est ???

.....Le koala

Tout comme le kangourou, c'est aussi un marsupial.

C'est un mammifère herbivore qui vit la nuit. Il mange uniquement des feuilles d'eucalyptus.

Un Koala adulte mange entre 500g et 1 kg de feuilles par nuit.

C' est un animal qui ne boit pas d'eau, sauf en période de grande chaleur,car les feuilles d'eucalyptus contiennent suffisamment d'eau pour le désaltérer. D'ailleurs, dans la langue aborigène "Koala" signifie "qui ne boit pas".

Il dort plus de 20 heures par jour car son alimentation lui donne peu d'énergie.

Les Koalas ont cinq doigts à chacune des pattes avant, deux d'entre eux sont opposés aux autres, un peu comme nos pouces, ils sont capables de bouger indépendamment des autres doigts. Cela leur permet de se tenir fermement aux branches et d'attraper leur nourriture.

patte avant

patte arrière

Ils ont des empreintes qui ressemblent à celles des humains.

À la naissance, le bébé koala mesure environ 2cm.

Il est aveugle, sans poils, et ses oreilles ne sont pas encore développées.

Il s'agrippe aux poils de sa mère pour atteindre la poche.

Une fois dans la poche il s'accroche à l'une des deux mamelles.

Il restera dans la poche de sa mère environ 6 ou 7 mois, à boire du lait. Avant qu'il puisse tolérer les feuilles d'eucalyptus, qui sont toxiques pour la plupart des mammifères, il se nourrira d'une substance appelée « bouillie » formée d'excréments de sa mère.

Après être sorti de la poche, il grimpera sur le dos de sa mère, et continuera de retourner dans sa poche pour boire son lait jusqu'à ce qu'il soit trop gros pour pouvoir y rentrer.

Avant que les colons britanniques arrivent en Australie, il y avait plus de 10 millions de koalas.
Aujourd'hui, il en reste seulement environ 43 000 à l'état sauvage.

Et si tu réalisais un masque pour
ressembler à un koala ?

Découpe tout autour du masque et
enlève la partie grisée des yeux.

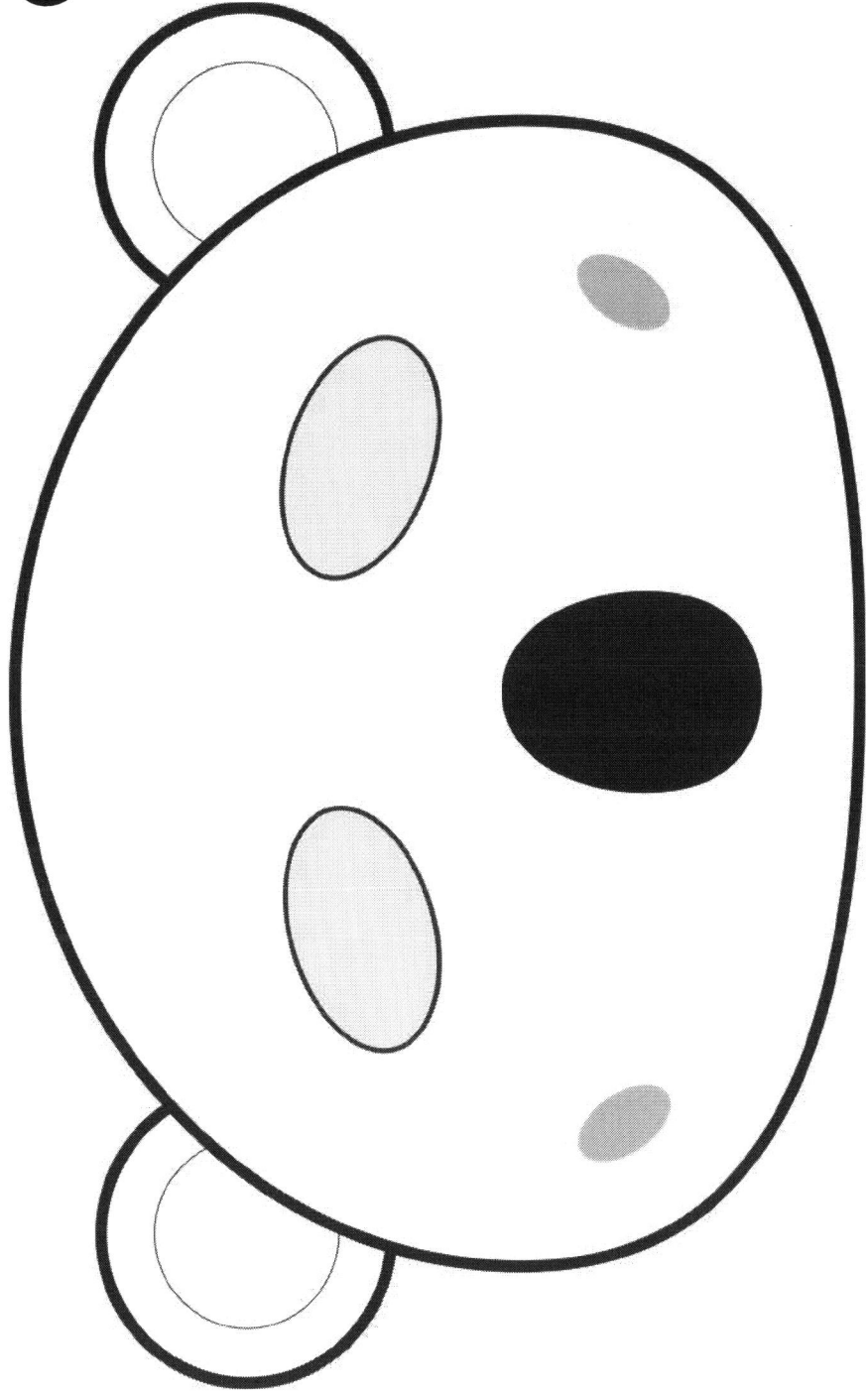

Whaou, ces animaux sont vraiment incroyables et très surprenants !

Voici un petit quizz pour vérifier ce que tu as retenu.

1) <u>Qui est un marsupial ?</u>

☐ le kangourou

☐ l'ornithorynque

☐ le koala

2) <u>Le kangourou se nourrit :</u>

☐ de vers

☐ d'herbes

☐ de plantes

3) L'ornithorynque pond des oeufs.

☐ vrai

☐ faux

4) Le koala mange des feuilles :

☐ de chêne

☐ d'eucalyptus

5) Le koala dort combien d'heures par jour ?

☐ 2 heures

☐ 20 heures

☐ 40 heures

Partons maintenant découvrir un monument étonnant.

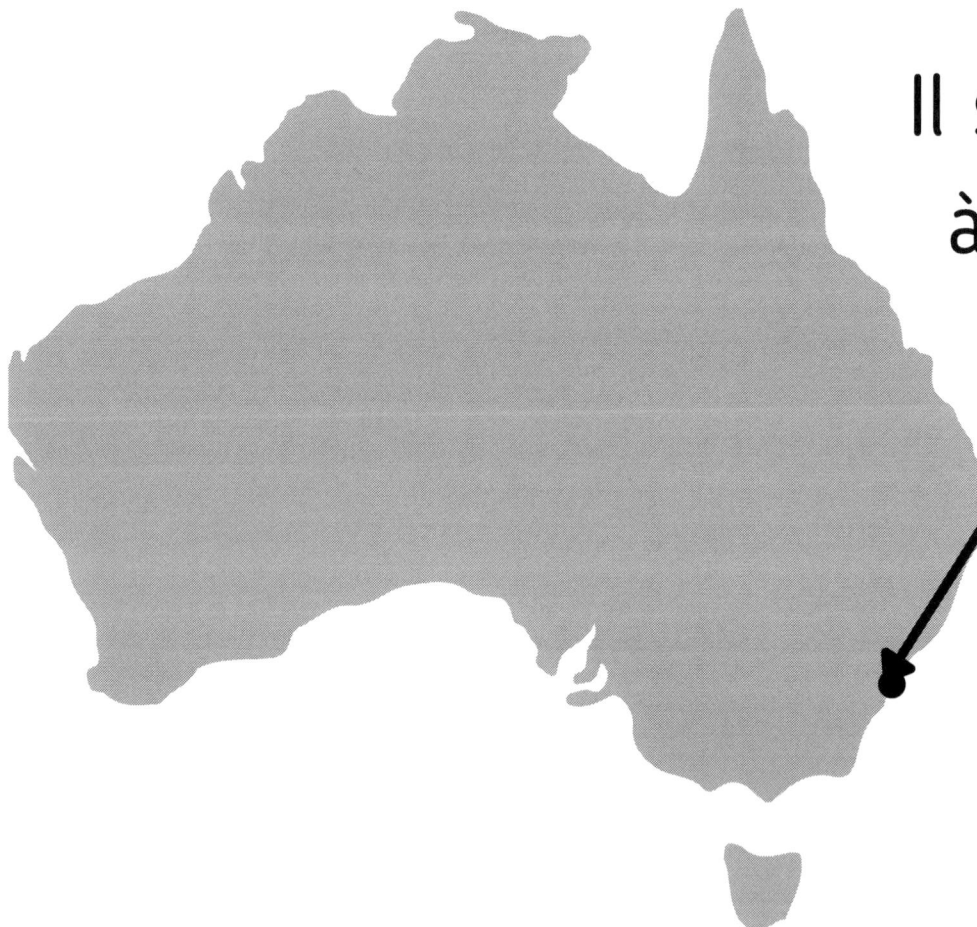

Il se trouve à Sydney.

C'est l'opéra de Sydney.

Certains y voient un coquillage, d'autres un voilier tourné vers l'océan.

C'est le centre d'art et de spectacles le plus fréquenté du monde, avec 8,2 millions de visiteurs annuels.

Il est inscrit depuis 2007 au patrimoine mondial de l'Unesco, et fait partie des symboles de l'Australie.

Son emplacement et son architecture en font un lieu unique au monde.
Son histoire est aussi complexe que sa construction.

C'est en 1957 que l'architecte danois, Jørn Utzon remporte le concours international de design pour dessiner l'opéra.
Le temps prévu pour le construire ne devait pas durer plus de 3 ans. Sauf qu'il en faudra... 14 ! Entre 1959 et 1973.
Plus de 10 000 ouvriers ont participé à sa réalisation.

Le toit de l'Opéra est composé de plus d'un million de carreaux de céramique auto nettoyants qui resplendissent sous le soleil.

En 1973, la reine Elisabeth II l'inaugure officiellement, et l'événement est retransmis à la télévision.

Partons maintenant découvrir un patrimoine magnifique.

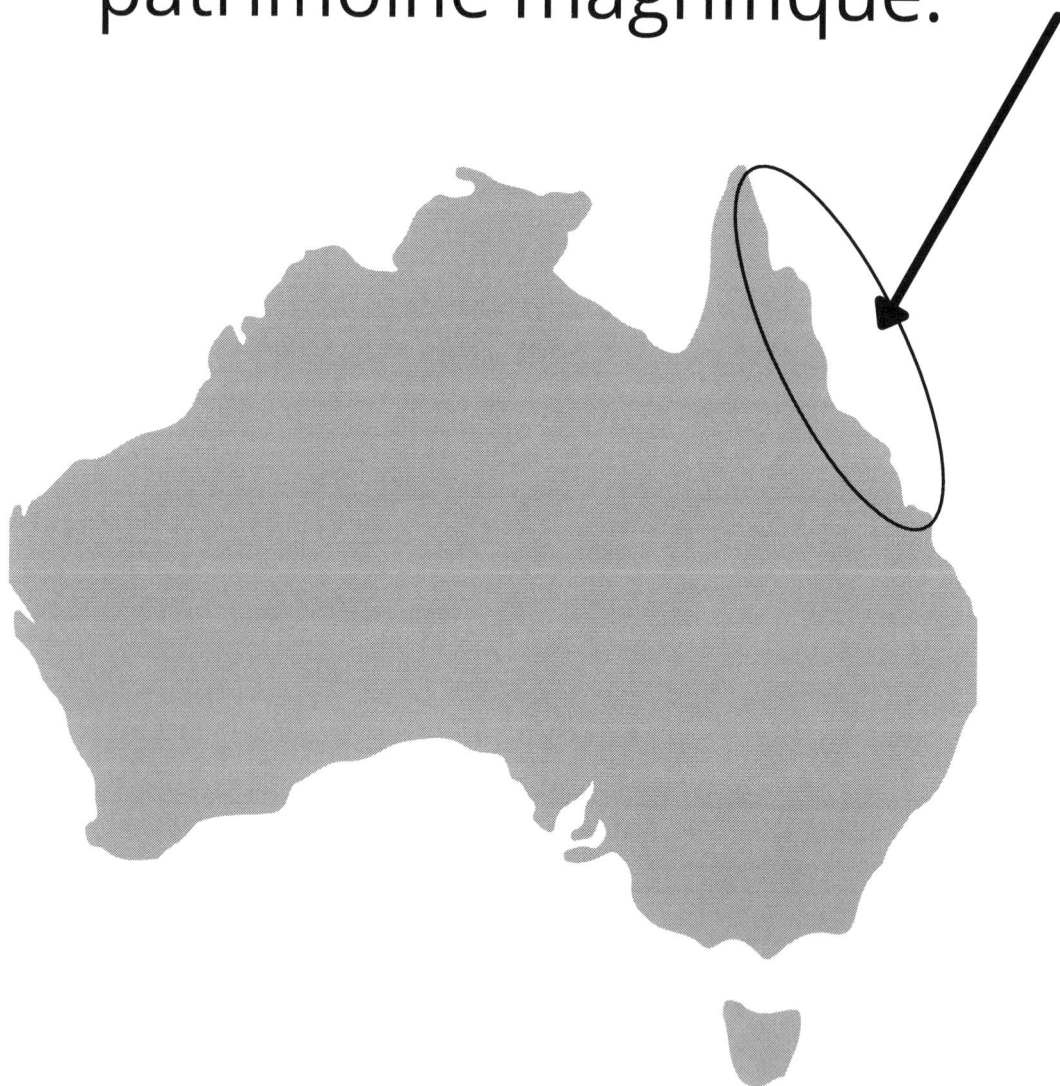

C'est la grande barrière de corail.

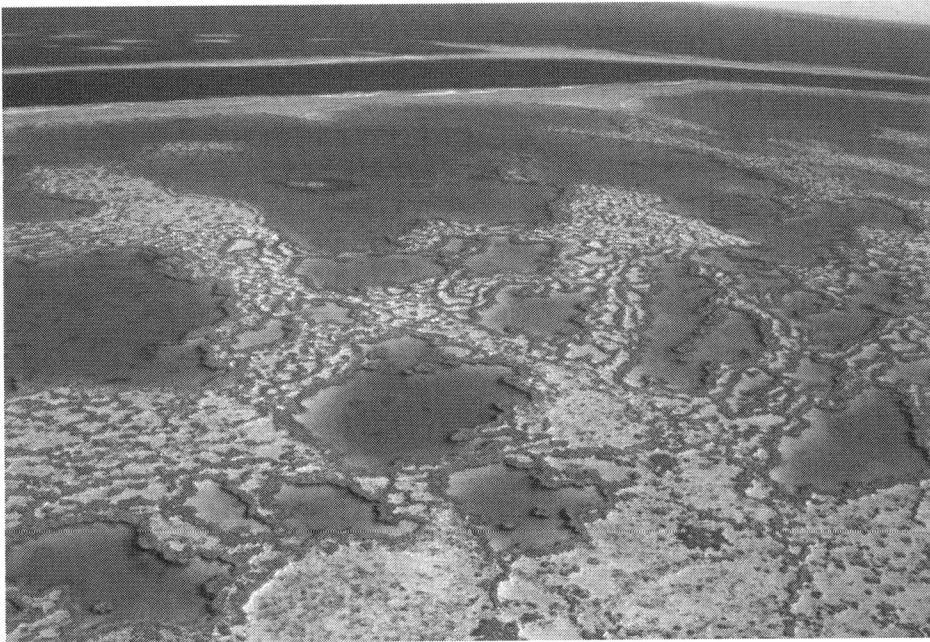

Inscrite au Patrimoine mondial de l'Unesco depuis 1981, et longue de plus de 2600 Kms, c'est le plus grand récif corallien au monde.

Le corail qui constitue la Grande Barrière a été créé il y a 18 millions d'années.

Les organismes responsables de l'édification de ces structures sont des animaux comme des méduses.
Ce sont **des polypes.**

Ils ont la forme d'une anémone de mer mais ils ne mesurent que quelques centimètres de longueur.

Des espèces qualifiées de corail dur, sont également responsables de sa formation.

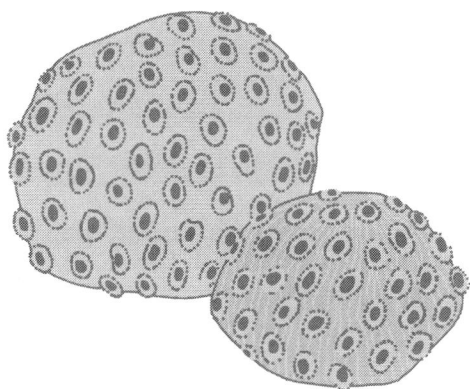

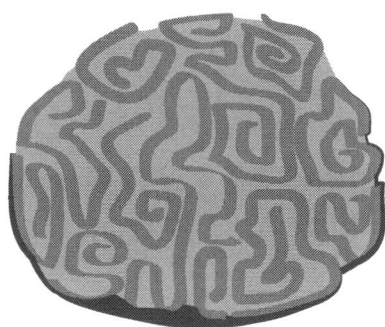

La Grande Barrière forme un milieu très diversifié, qui en fait un écosystème riche et varié, comprenant des poissons, des coraux, des mollusques et des oiseaux.

En 2016, énormément de coraux sont morts, à cause du réchauffement climatique, de la pollution et du trop grand nombre de touristes.

Si l'humanité ne réduit pas son impact sur l'environnement, la Grande Barrière pourrait ne pas survivre.

Les chercheurs travaillent donc sur des solutions pour restaurer et protéger ce lieu.

Voici un petit quizz pour vérifier ce que tu as retenu.

1) L'opéra de Sydney ressemble :

☐ à des voiles de bateau

☐ à un crabe

☐ à des coquillages

2) <u>Combien de temps a-t-il fallut pour le construire ?</u>

☐ 40 ans

☐ 4 ans

☐ 14 ans

3) <u>Il a été construit par la reine</u>
<u>d'Angleterre.</u>

- [ ] vrai
- [ ] faux

4) <u>La grande barrière est au Sud de</u>
<u>l'Australie.</u>

- [ ] vrai
- [ ] faux

5) <u>Elle est longue de :</u>

- [ ] 260 Kms
- [ ] 26000 Kms
- [ ] 2600 Kms

Que dirais-tu de chercher les mots cachés dans cette grille ?

CORAIL - EUCALYPSTUS - KANGOUROU - KOALA - MARSUPIAL - MONOTREME - POLYPE - SYDNEY

```
K  G  T  S  Q  S  P  G  U  I  I  M
I  G  Y  P  H  B  L  H  T  D  T  A
T  R  U  K  G  A  V  G  G  O  H  R
P  E  U  C  A  L  Y  P  S  T  U  S
W  R  H  O  X  N  T  I  M  Z  T  U
F  B  H  R  T  B  G  F  N  W  T  P
N  K  O  A  L  A  B  O  I  S  Q  I
N  B  Y  I  K  R  U  A  U  O  U  A
A  P  O  L  Y  P  E  T  K  R  H  L
H  J  H  D  U  T  J  O  R  K  O  A
F  U  H  S  Y  D  N  E  Y  K  N  U
B  F  G  M  O  N  O  T  R  E  M  E
```

Partons maintenant en Tasmanie.

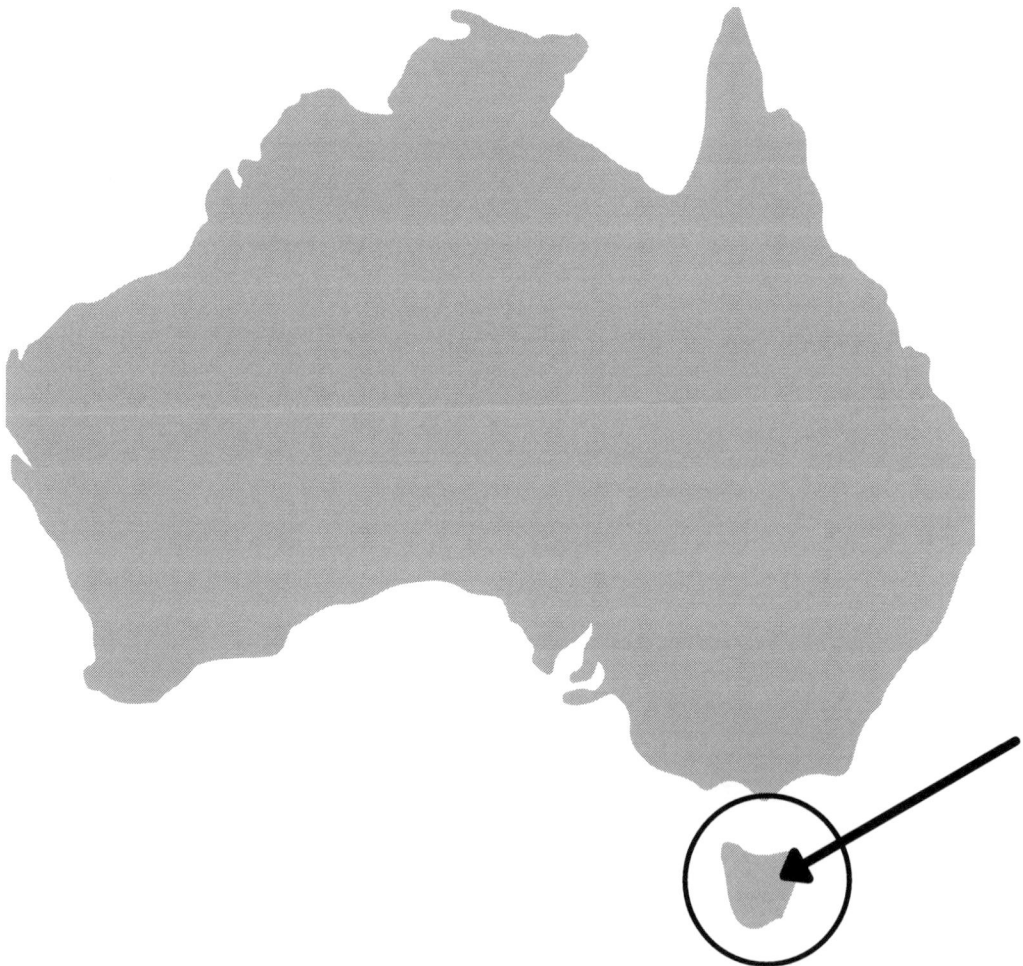

C'est une île qui se situe à 200 Kms, au sud-est de l'Australie.

Mais ici, pas de désert, pas de sable rouge, pas de distances interminables à parcourir en voiture.
La Tasmanie est vraiment à part, c'est une terre du bout du monde.

On y respire l'air le plus pur au monde.

L''île, qui a été reconnue en 1642 par l'explorateur hollandais Abel Tasman, doit son nom à son découvreur.

Une partie de l'île est inscrite au patrimoine mondial de l'Unesco depuis 1982.

C'est le seul endroit sur Terre où vivent encore des diables en liberté, il n'en existe pas ailleurs.
Contrairement à son nom, il ne fait pas peur !

C'est un petit marsupial nocturne et bruyant, de 45 cm environ.

Il doit son nom aux cris qu'il pousse car il émet de nombreux sons étranges, généralement pour effrayer les autres animaux et ne pas avoir à se battre.

Proportionnellement à sa taille, le diable de Tasmanie détient la morsure la plus puissante de tous les mammifères.
Il est capable d'écraser les os et même de mordre les métaux les plus résistants

Une femelle diable de Tasmanie donne naissance à environ 20 à 30 petits en une fois.

Une fois nés, les petits qui ne mesurent pas plus qu'une cacahuète, doivent se précipiter dans la poche de leur mère qui ne possède que 4 mamelles.

Ceux qui survivent restent dans la poche pendant environ trois mois, puis prennent leur indépendance.

Les diables de Tasmanie font partie des espèces menacées depuis 2008.

Ils se font très souvent écrasés par les voitures et souffrent d'une forme contagieuse de cancer, la « tumeur faciale transmissible du diable de Tasmanie » qui se propage au sein de l'espèce. Les animaux meurent de faim lorsque la tumeur atteint leur bouche, les empêchant de se nourrir. Des dizaines de milliers de diables de Tasmanie sont morts depuis l'apparition de la maladie à la fin des années 1990.

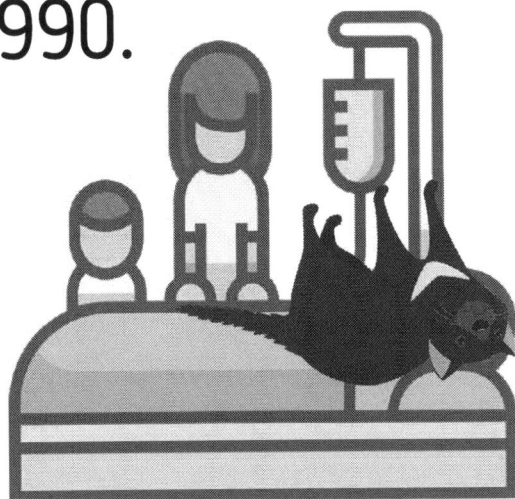

Cette maladie a provoqué une énorme baisse de la population, qui est passée de 140 000 animaux à environ 20 000. Elle se transmet sans mal chez ces animaux bagarreurs, qui se mordent souvent.

Cependant, depuis qu'il est protégé et soigné, le diable de Tasmanie s'épanouie pleinement dans son habitat naturel et la population commence même à augmenter.

Partons maintenant en Polynésie française.

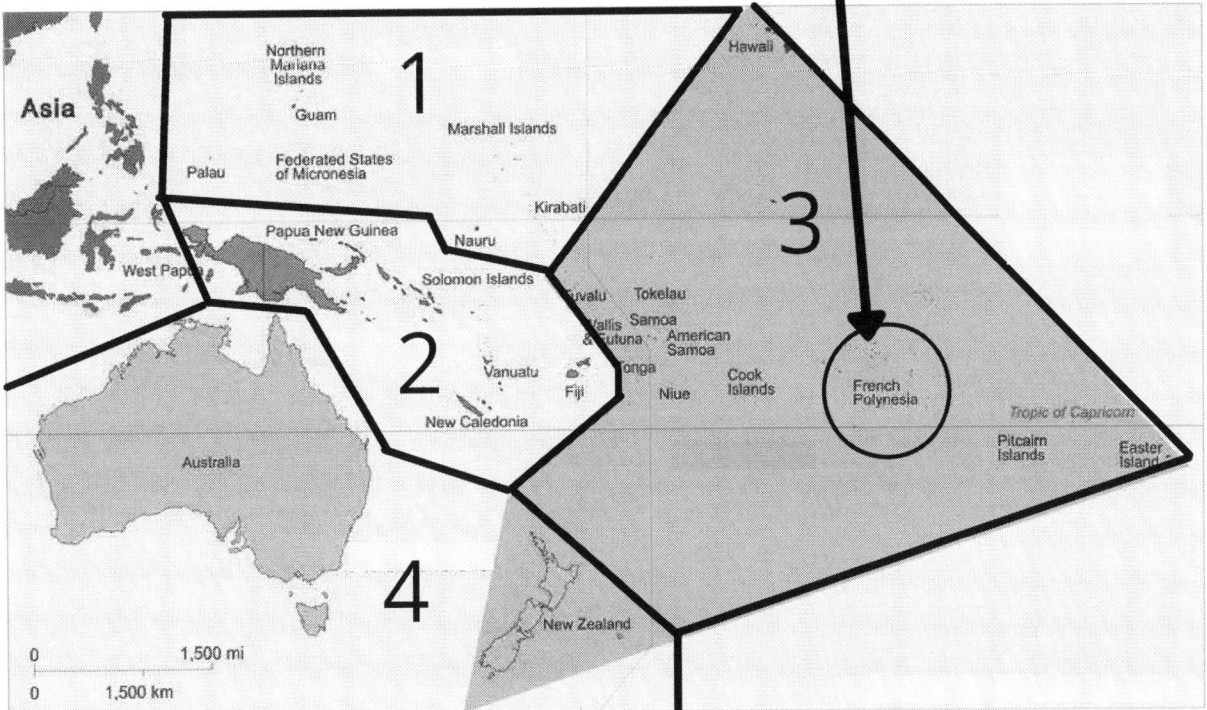

Ce territoire est constitué de 118 îles réparties sur 5 archipels :

– archipel de la Société : îles sous le vent, îles du vent.

– îles Tuamotu

– îles Gambier

– îles Marquises

– îles Australes

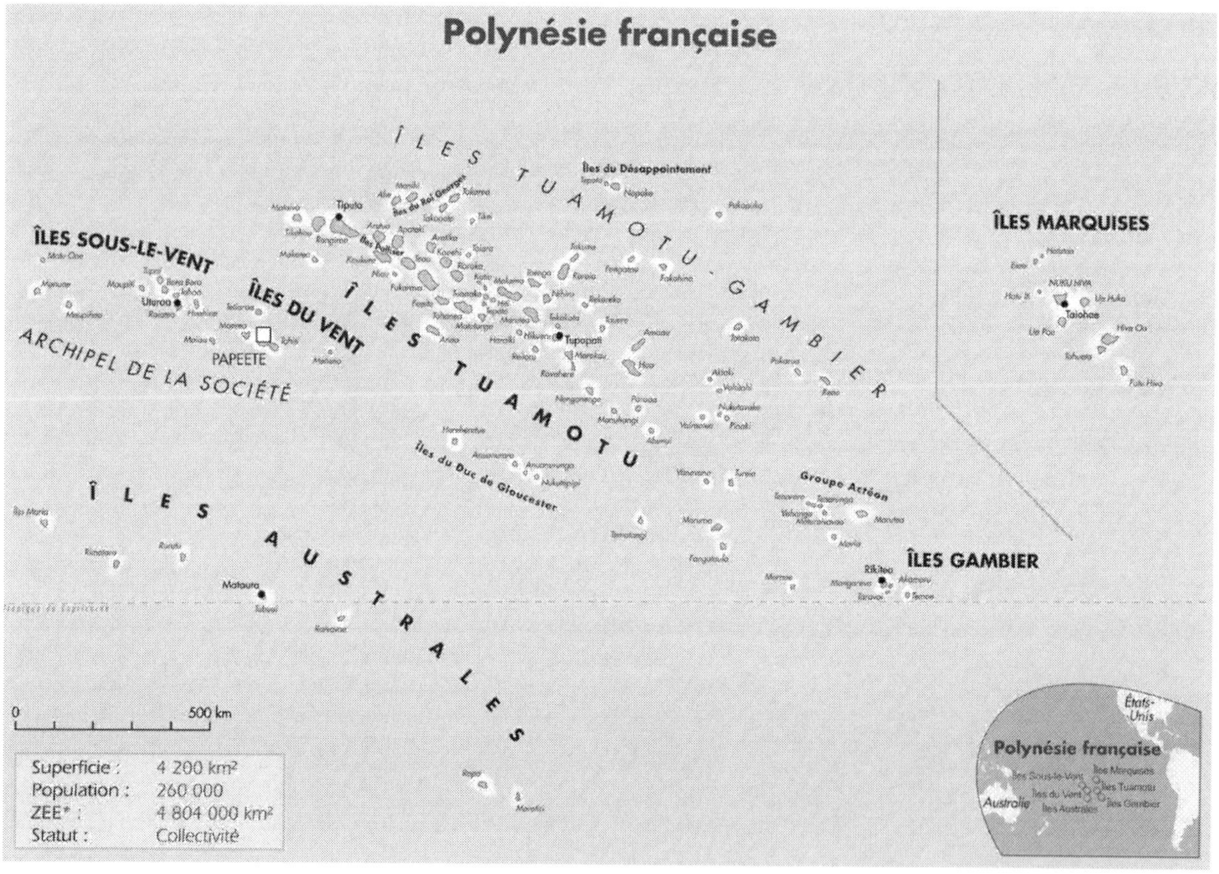

Polynésie française

Intéressons nous à une île très connue : Tahiti.

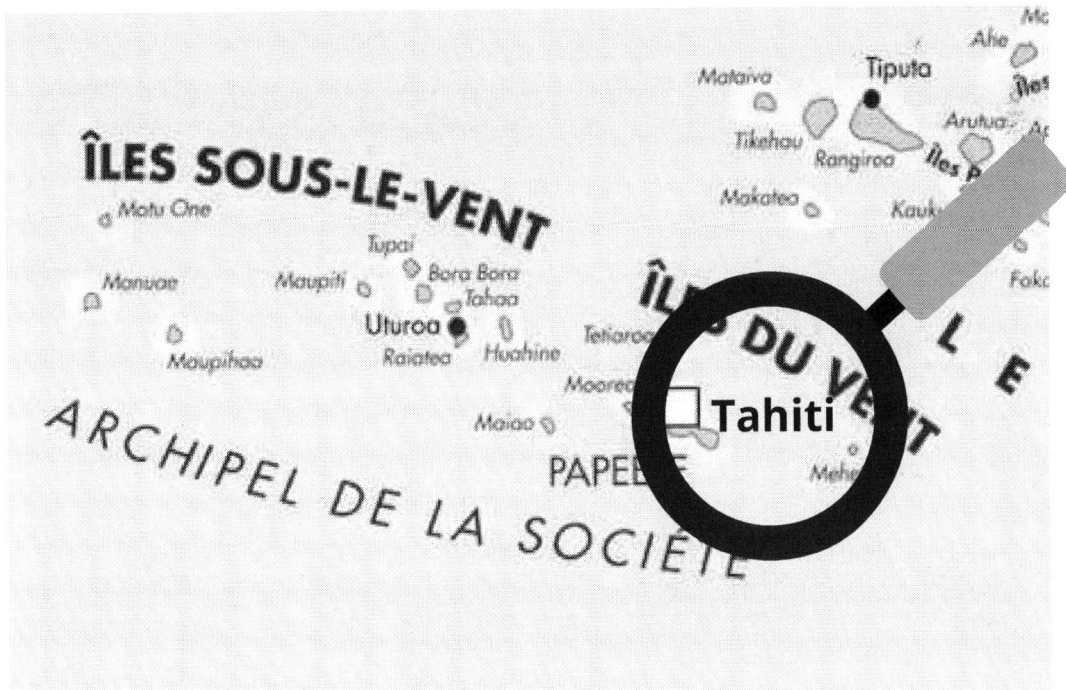

Tahiti fait partie des îles du vent et de l'archipel de la Société.

C'est une île montagneuse et volcanique.

C'est la plus grande île de la Polynésie française et la plus habitée aussi.

C'est également la plus haute des îles avec le Mont Orohena, qui culmine à 2 241 mètres.

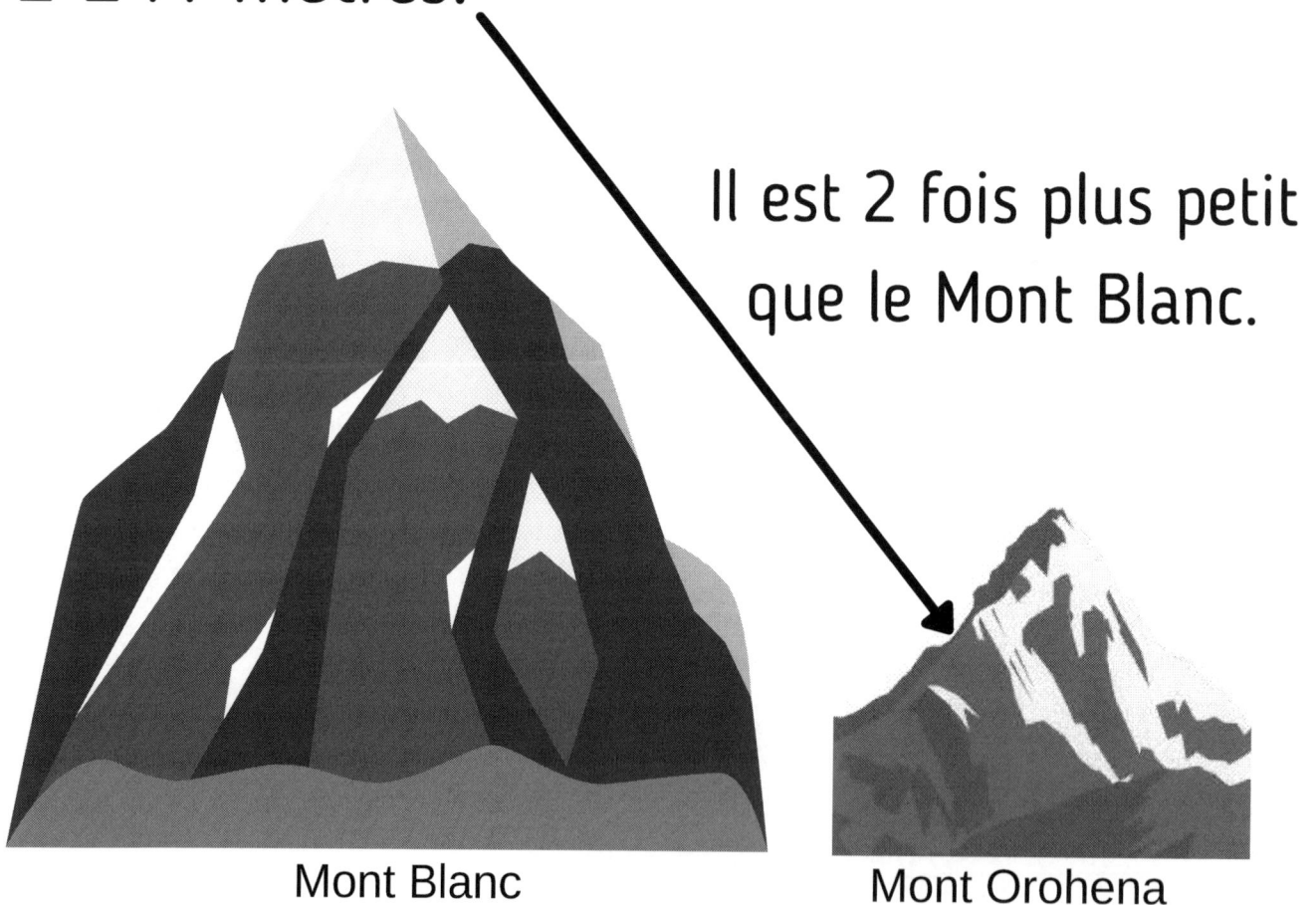

Il est 2 fois plus petit que le Mont Blanc.

Mont Blanc

Mont Orohena

Les Tahitiens ont hérité de leurs ancêtres Ma'ohi d'une culture riche et vivante, qui rythme leur vie.
Ici, la musique, la danse et l'art animent la vie et le quotidien de l'île.

L'art du tatouage a encore une place très importante.

Leur signification raconte l'histoire personnelle de chaque Tahitien.
Ils illustrent un lien entre le ciel et la terre.
Ils sont également des signes de beauté, et constituaient avant, un rituel marquant la fin de l'adolescence et le passage à la vie adulte.

Il pouvait représenter des événements ou simplement être décoratif.

La réputation et la beauté des tatouages polynésiens sont telles que cela attire des visiteurs du monde entier.

La danse et la musique tahitiennes d'aujourd'hui maintiennent leurs croyances.

Dans les temps anciens, elles étaient liées à tous les aspects de la vie : pour accueillir un visiteur, prier, défier un ennemi ou séduire.

La sculpture polynésienne a également réussi à garder toute son authenticité. Les méthodes et les techniques sont restées les même, exceptés les outils en corail ou en dents de requin qui ont été remplacés par des ciseaux, des limes, des scies et parfois même par des tronçonneuses.

Elles symbolisent « Tiki », l'ancêtre mi-humain mi-dieu qui fut le premier homme.
À Tahiti, on considère qu'un tiki placé à l'extérieur d'une maison est destiné à en protéger les habitants.

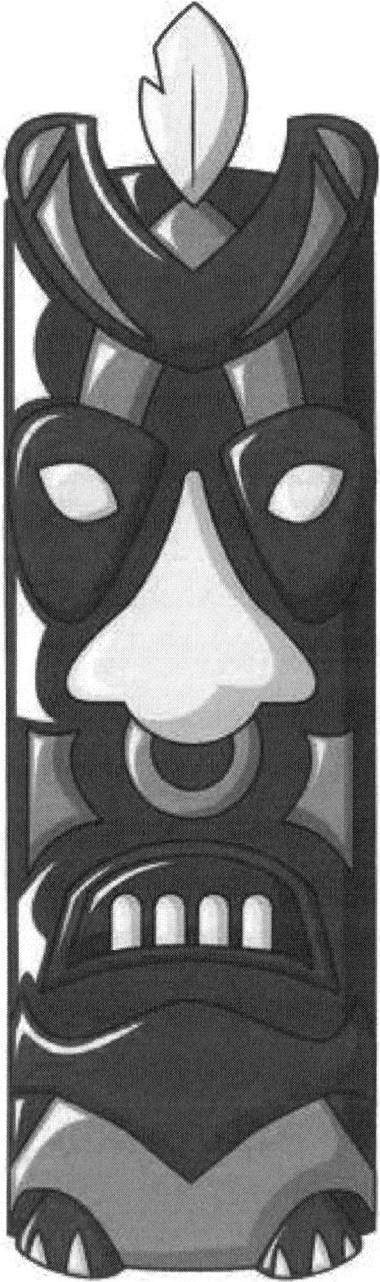

Il repousse aussi
les mauvaises
énergies et porte
chance.

Partons maintenant découvrir Hiva Oa.

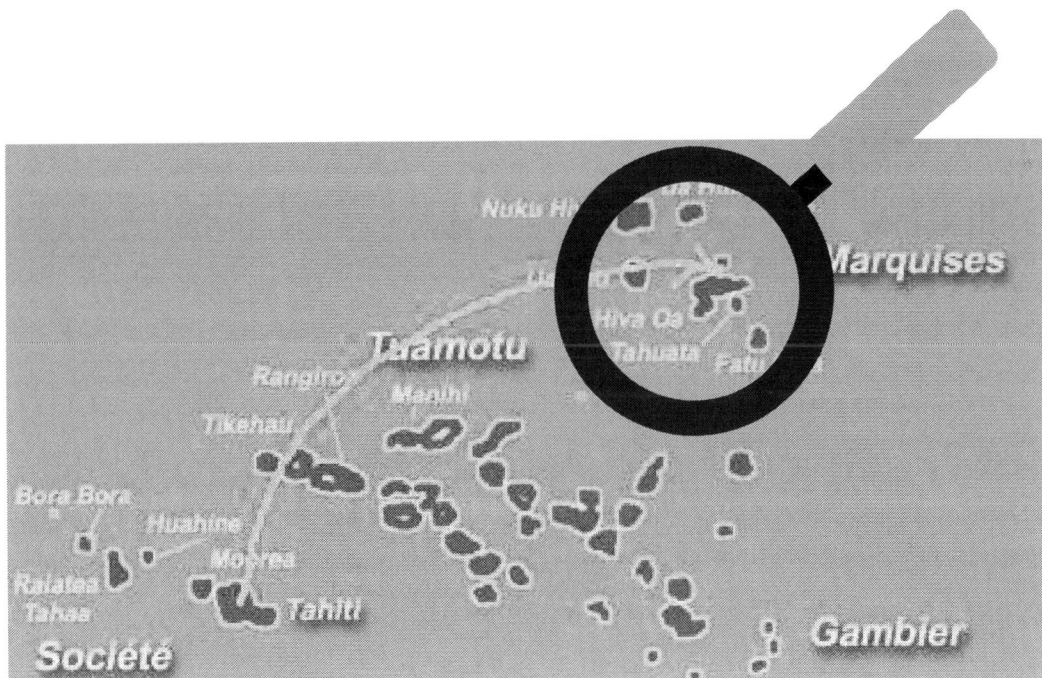

Hiva Oa est la plus connue des îles Marquises.

On peut y observer les plus grands tikis de Polynésie.

Il y a également un musée consacré au peintre Paul Gauguin et la tombe du chanteur Jacques Brel.

C'est la troisième plus grande ville de la Polynésie française.

Sculptée dans la roche, l'île est un mélange de reliefs montagneux et de collines verdoyantes.

Qui est le peintre Paul Gauguin ?

C'est un peintre français, né en 1848 et mort en 1903.

Il demeure un personnage important de l'art moderne.

Après être venu à Tahiti en 1895, il s'installera définitivement aux îles Marquises, à Hiva Oa en 1901.

Voilà ce qu'il confia à un journaliste avant de partir : « Je pars pour être tranquille, pour être débarrassé de l'influence de la civilisation. Je ne veux faire que de l'art simple, très simple. Pour cela, j'ai besoin de me retremper dans la nature vierge, de ne voir que des sauvages, de vivre leur vie... »

Il trouvera enfin à Hiva Oa, ces couleurs qu'il a cherchées toute sa vie. Il y peindra les tableaux qui l'ont fait entrer dans l'histoire de l'art.

Voici quelques-uns de ces tableaux, mais le mieux est quand même de les voir en couleur !

Et si tu coloriais à la manière de Gauguin !

Inspire-toi de ses peintures pour colorier ou peindre l'image de la page suivante.

Voici un petit quizz
pour vérifier
ce que tu as retenu.

1) <u>Combien d'archipels compte la Polynésie française</u> ?

☐ 3

☐ 4

☐ 5

2) <u>Tahiti fait partie</u> :

☐ des îles Gambier

☐ de l'île du Vent

☐ des îles Marquises

3) Le Mont Orohena est 2 fois plus grand que le Mont Blanc.

☐ vrai

☐ faux

4) Paul Gauguin est un grand tatoueur.

☐ vrai

☐ faux

5) Les sculptures polynésiennes sont :

☐ des tikis

☐ des tipis

☐ des kitis

Que dirais-tu de chercher les mots cachés dans cette grille ?

DIABLE – GAUGUIN – MAOHI – OROHENA
TAHITI – TASMANIE – TATOUAGE – TIKI

```
P  M  M  V  K  G  H  I  V  A
H  V  E  T  K  N  K  J  T  T
U  T  I  M  A  O  H  I  T  G
X  A  P  C  T  R  Q  S  I  A
J  T  B  U  B  O  U  U  K  U
O  O  U  T  A  H  I  T  I  G
S  U  Z  A  D  E  H  W  V  U
T  A  S  M  A  N  I  E  Q  I
B  G  X  D  I  A  B  L  E  N
Y  E  L  V  U  X  R  C  M  B
```

Notre voyage touche à sa fin, j'espère qu'il t'aura plu et que tu auras appris plein de choses !

Je te réserve **2 surprises ...**

La première est la recette d'un gâteau merveilleusement bon, qui est traditionnel en Australie.

La deuxième est un conte que ta maman ou ton papa pourront te lire avant de t'endormir pour faire des rêves incroyables.

Gâteau Lamington

Liste des ingrédients

Pour la pâte :

- 2 oeufs
- 125 g de sucre
- 1 sachet de sucre vanillé
- 225 g de farine
- 1/2 sachet de levure
- 125 g de beurre mou
- 1/2 tasse de lait
- 1 pincée de sel

Liste des ingrédients

Pour le glaçage :

- 500 g de sucre glace
- 30 g de beurre fondu
- 35 g de cacao en poudre
- 120 ml de lait
- 300 g de noix de coco râpée

1. Préchauffe le four à 180°C.

2. Beurre légèrement le moule.

3. Dans un grand bol, mélange ensemble la farine, la levure et le sel.

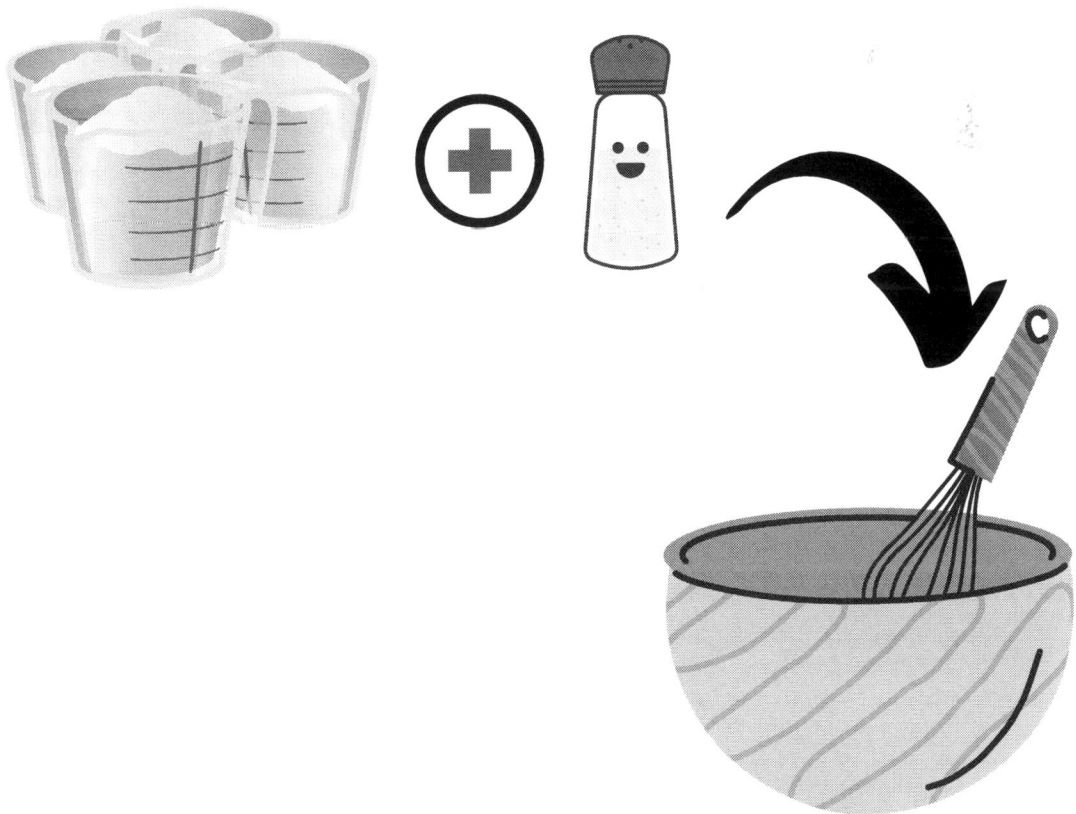

4.Dans un autre bol, bats le beurre et les sucres jusqu'à ce que le mélange devienne mousseux.

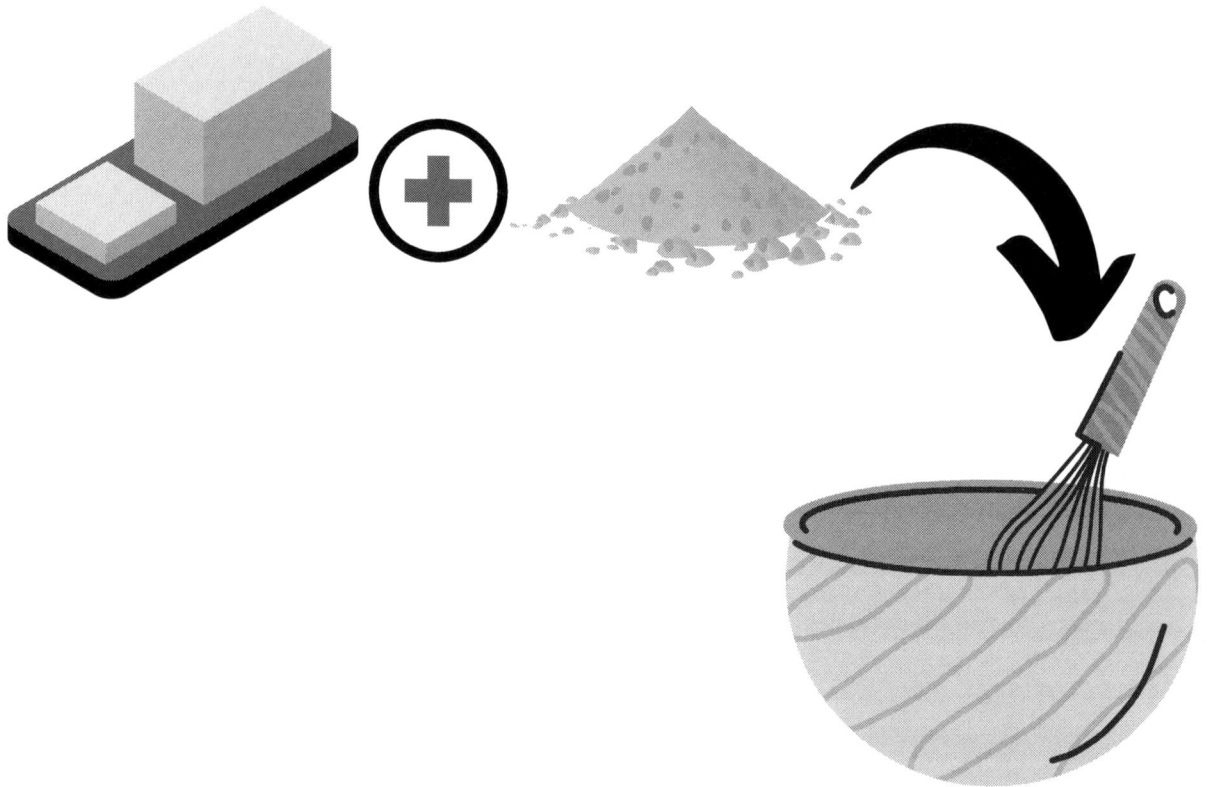

5.Ajoute les œufs un et un en mélangeant bien entre chaque, dans le bol avec beurre et le sucre.

6.Maintenant, rajoute le mélange farine et le lait.

7.Verse dans le moule et mets au four pour 30 minutes.

8.Une fois le gâteau refroidi, coupe-le en carrés et place-les dans un récipient pour les mettre au réfrigérateur pendant au moins 2 heures ou même toute une nuit.

9.Passons maintenant au glaçage.

Dans un saladier, mélange le sucre glace et le cacao en poudre.

10.Dans une terrine résistant à la chaleur, ajoute le beurre, le lait.

11.Place la terrine sur une casserole d'eau frémissante et ajoute le mélange sucre + cacao.

Remue pour obtenir un glaçage lisse.

12. Verse la noix de coco dans un bol.

13. Trempe chaque morceau de gâteau dans le glaçage à l'aide d'une fourchette, puis retourne-les dans la noix de coco.

14. Laisse-les sécher sur une grille à pâtisserie.

Bonne dégustation !

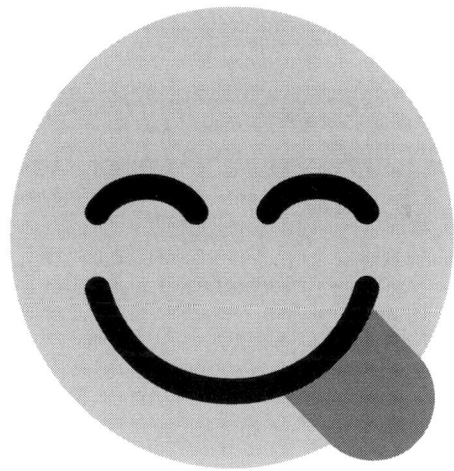

Les Lamingtons peuvent être stockés dans un récipient hermétique pendant 5 jours.

LE CONTE

Saltie le crocodile

Dans un marais situé au fin fond des territoires du Nord, près du Cap York, vivait Saltie, le crocodile.

Il versait sans cesse de grosses larmes de crocodile.

Même sa maman en avait assez.
Elle lui disait parfois : « Mais arrête donc de pleurnicher ! Comporte-toi comme un crocodile digne de ce nom et va chasser des proies !

Mais Saltie fondait en larmes à l'idée de devoir manger un animal.
Sa maman et son papa devaient donc le nourrir tous les jours.

Saltie ne souhaitait pas être un crocodile. « Je suis tellement laid », se disait-il en pleurant. Il ne voulait pas non plus vivre comme un crocodile. Son meilleur ami était un papillon qui s'appelait Whitchetty.

Whitchetty voulait être grand et fort.
Aussi avait-il toujours les antennes
repliées et serrées comme des poings,
semblant ainsi vouloir dire : « Fais
gaffe, je vais te faire un coup de
poing ! »

À eux deux, ils formaient un sacré duo !
Surtout lorsque Saltie se déplaçait dans
l'eau avec Whitchetty perché sur la tête.

Les autres crocodiles ricanaient et se moquaient d'eux, mais cela ne dérangeait pas Saltie. Il continuait à pleurer et à fréquenter son ami Whitchetty.

Par un bel après-midi ensoleillé, Whitchetty vint se poser près de l'oreille de Saltie.

– J'ai vu deux hommes armés jusqu'aux dents s'approcher du marais, lui dit-il. Ils veulent tuer des crocodiles pour prendre leurs peaux.

– Ces hommes n'ont pas de peau ? interrogea Saltie, inquiet.

– Je ne sais pas, répondit Whitchetty. Va le dire aux autres crocodiles et allez vous cacher.

Saltie éclata en sanglots.
– Mais Whitchetty, ils risquent de te tuer ! se lamenta-t-il. Que vais-je devenir, moi, sans toi ?
– Ma grand-tante m'a dit que les gens attrapent les papillons avec des filets, puis les épinglent sur des tableaux. Je n'ai rien à craindre puisqu'ils ont des fusils, expliqua Whitchetty en s'envolant.

Les autres crocodiles entendirent Saltie pleurer et crier.

– Des hommes arrivent pour nous tuer.
Allez vous cacher ! Vite ! Allez vous
cacher !

Ils ne le crurent d'abord pas, puis ils entendirent les hommes approcher.
Ils plongèrent tout au fond de la rivière en prenant soin de laisser des troncs d'arbres flotter à la surface.

Les hommes tirèrent sur les troncs qui, de loin, ressemblaient à des crocodiles.

Ils ne virent aucun crocodile, mais des centaines de papillons s'abattirent sur leurs visages et dans leurs cheveux.

Ils secouèrent la tête pour faire partir les papillons.

– Il n'y a pas de crocodiles ici, dirent-ils en quittant les lieux. Revenons plutôt avec des filets pour attraper les papillons.

Tous les crocodiles se rassemblèrent.

– Merci, Whitchetty, dirent-ils.

Merci, les papillons !

Le lendemain, Saltie aperçut des hommes munis de filets. Il se souvint alors de ce que Whitchetty lui avait dit sur les filets.

– Whitchetty, les filets ! Viens vite ! Les hommes sont revenus avec des filets !

Tous les crocodiles se regroupèrent sur la rive. Les papillons se posèrent sur leurs têtes et sur leurs dos.

Certains crocodiles formèrent un cercle autour des hommes tandis qu'ils approchaient.

Les crocodiles ouvraient puis refermaient leurs mâchoires d'un coup sec.

Saltie menait la bataille. Il faisait grincer ses dents et secouait la queue de façon menaçante.

Les hommes eurent si peur qu'ils s'enfuirent à toutes jambes du marais.

Les crocodiles étaient très fiers de Saltie, car il s'était comporté comme un des leurs.

Saltie était désormais fier d'être un crocodile.

Tous les papillons volèrent autour des crocodiles en battant des ailes.

– Merci, Saltie, dirent–ils. Merci, les crocodiles.

– Oh, ce n'est rien, murmura Saltie. Les amis sont faits pour prendre soin les uns des autres.

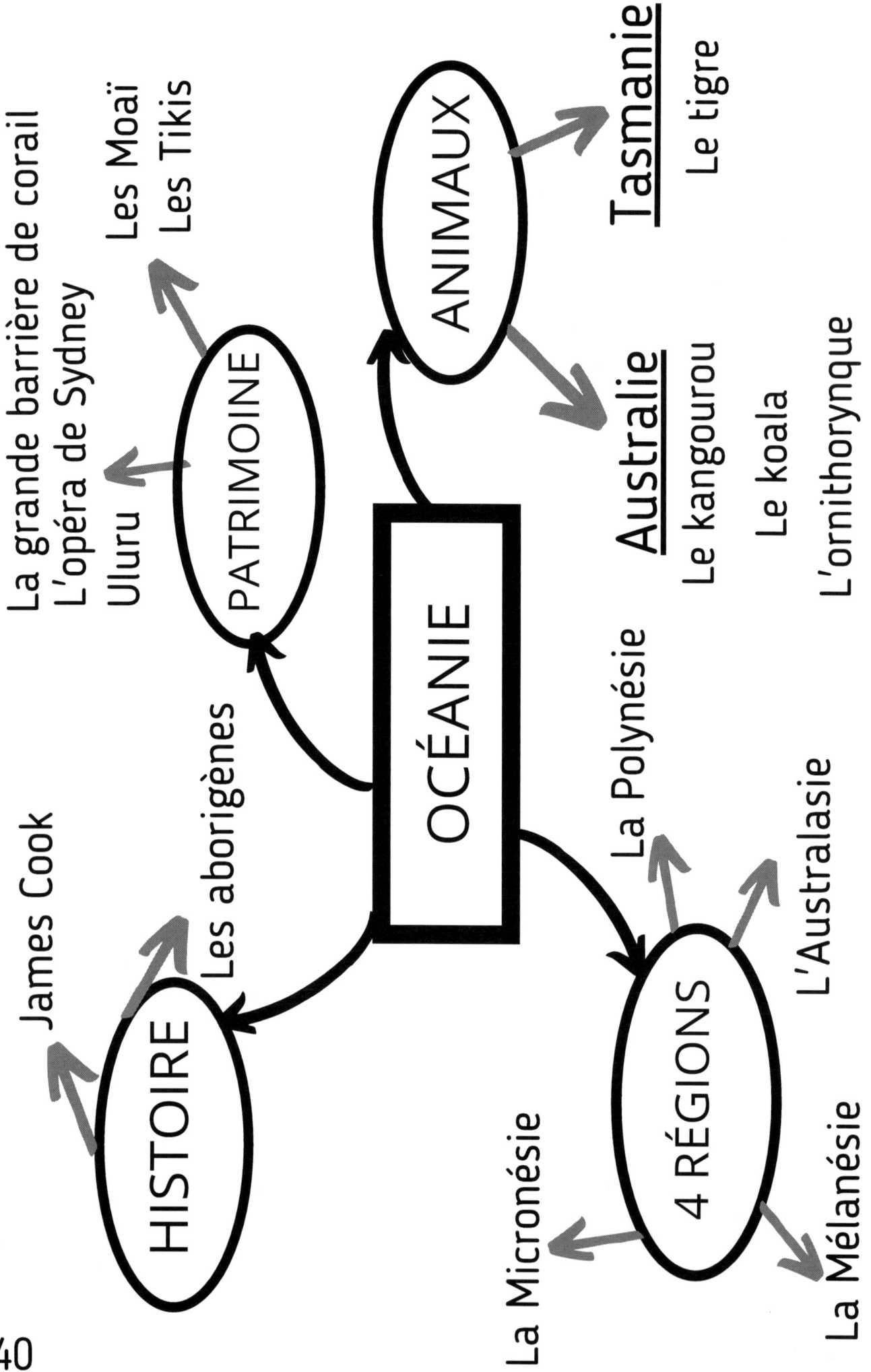

OCÉANIE

PATRIMOINE
- La grande barrière de corail
- L'opéra de Sydney
- Uluru
- Les Moaï
- Les Tikis

ANIMAUX

Tasmanie
- Le tigre

Australie
- Le kangourou
- Le koala
- L'ornithorynque

HISTOIRE
- James Cook
- Les aborigènes

4 RÉGIONS
- La Polynésie
- L'Australasie
- La Micronésie
- La Mélanésie

140

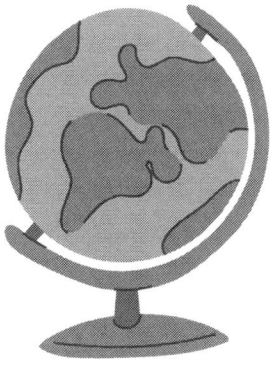

Je découvre
LES CONTINENTS

avec Paco

L'ASIE

ADAPTABLE MONTESSORI

Il existe en Inde un monument très célèbre, connu dans le monde entier.

C'est **Le Taj-Mahal.**
Ce nom signifie : la couronne du palais.

Ce monument a été commandé par un empereur en 1631, alors que sa femme venait de mourir. Il y abrite sa tombe.

TOP DÉPART

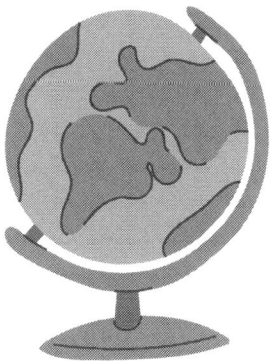
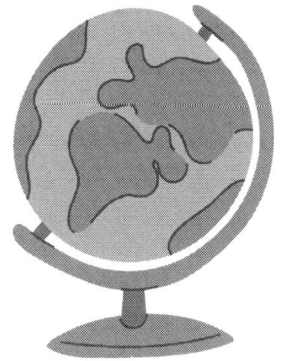
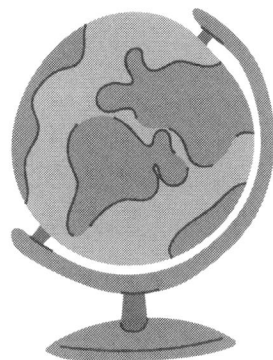

Je découvre
LES CONTINENTS

avec Paco

L'Afrique

ADAPTABLE MONTESSORI

Le dromadaire est un mammifère herbivore, qui a une bosse sur le dos.

Regardons son anatomie pour mieux comprendre pourquoi il est parfaitement adapté aux dures conditions de vie du désert.

Il a des lèvres épaisses très résistantes

et une bouche tapissée d'écailles, qui lui permettent de manger des plantes épineuses sans se faire mal.

TOP DÉPART

Et voilà, cette fois c'est vraiment la fin de notre aventure en Océanie.

Tu es devenu **incollable** sur ce continent.

J'espère te revoir très vite dans un nouveau voyage pour découvrir d'autres continents !